Nuovi Saggi

# GIACOMO PAPI

# PAPÀ

Sapere tutto e rimanere felici
Dal concepimento ai primi mille pannolini

Illustrazioni di Felix Petruška

PRATICHE **P** EDITRICE

www.saggiatore.it
www. lineaombra.it


Pratiche Editrice
© il Saggiatore, Milano 2002

La scheda bibliografica, a cura del Sistema Bibliotecario
Brianza, è riportata nell'ultima pagina del libro

PAPÀ

*ai miei figli futuri*

# Sommario

| SCHEDE |
|---|

# Avvertenza e modalità d'uso

*Se c'era una cosa che aveva imparato frequentando corsi pre-parto, sale d'attesa e reparti ostetricia era che di bambini nel mondo ne nascevano a schifiltone. Fino all'anno prima gli amici che restavano incinti erano rari come vesciche in Paradiso. Poi, fu un'epidemia. Un esercito di infanti premeva alle porte. Le pance si gonfiavano, le tette lievitavano, le nausee imperversavano. Alle cene non si parlava d'altro. Le future madri si lamentavano e i futuri padri provavano la parte. Non ci volle molto a capire che il ruolo maschile non era ancora stato scritto per bene. Gli uomini dovevano informarsi e partecipare, ma tenendosi un passo indietro rispetto al vero centro di gravitazione dell'interesse generale. Non detenevano neanche lontanamente il cinquanta percento delle azioni della Parto Spa. Decise che valeva la pena di raccontare tutto. Tutto quello che leggerete in questo libro: le cose da sapere e quelle da ignorare, la successione degli eventi e le nozioni elementari per fare bella figura, l'emozione di un bambino e le difficoltà che può provocare in un uomo. Avvertiva un dovere morale nei confronti del resto dell'umanità che in quel momento, ai suoi occhi, appariva come un'infinita schiera di padri spaventati e fuori posto.*

# Prologo

«*Allora, come lo trovi? È un po' confuso, hai ragione... Ma non è un brutto posto. Una cosa bisogna riconoscergliela a chi l'ha fatto: che è originale. Non si sa bene che farci, è pieno di oggetti e gente, ma anche di roba più strana tipo i samovar, le farfalle, gli ottaedri e gli interisti. È ingiusto, se vuoi anche cattivo, ma brutto proprio no. Io quelli che dicono che il mondo è un brutto posto, non li capisco. Prendiamo te, per esempio. Io mi immagino il Consiglio di amministrazione, con tutti gli arcangeli, le madonne, il padre, il figlio e lo spirito santo. Ordine del giorno: come facciamo nascere i bambini, oppure i gatti che è lo stesso, le giraffe, gli elefanti, tutti quanti, insomma.*

*«Ci sono già un sacco di ipotesi di lavoro mica male, razionali, costi ridotti al minimo, rischi calcolati. Immagino il progetto tratto dalla Bibbia che tanto era gratis: si crea dal nulla un esemplare per ogni specie, a ogni individuo primigeno – gorilla, gramigna, staffilococco ecc. ecc. ecc. – iniettiamo la voglia di impastare la sabbia, la terra o la cacca. In tali impasti insuffleremo la vita. Tra i vantaggi, razionalità ed eleganza, ma soprattutto costi ridottissimi di produzione. Ci fu chi sostenne che era inutile anche l'impasto e propose che i nuovi nati arrivassero solo d'estate con la pioggia. Oppure per meiosi o per mitosi. Qualcuno*

*propose di farli nascere da foruncoloni sul corpo di uno a turno dei genitori, altri diedero battaglia in favore dei cavoli, il partito delle cicogne lottò fino allo stremo e ci fu chi disse che le nascite non erano affatto necessarie. Bastava abolire la morte.*

*«Poi l'idea. Non so a chi venne. All'inizio tutti la presero per una battuta. Facciamo così, disse: i bambini li facciamo crescere dentro la pancia delle femmine, piano piano, gradualmente e quando saranno ben maturi usciranno da soli. Sì, bravo, e da dove? Come da dove, da dove sono entrati. La Madonna ebbe un brivido: ragazzi non fate i bischeri, a me non mi ci entra dentro nessuno. Va bene, Maria, si fa che a te ti esce soltanto, risposero. Pensateci bene: costi zero, il pasto della madre si divide per due, affettività assicurata, come si fa a non voler bene a una cosa che ti è cresciuta dentro? Quell'idea prendeva piede. Le obiezioni cadevano una a una.*

*«Disse uno: Vi immaginate una gallina incinta? Sarebbe la barzelletta dell'universo. In questo caso possiamo pensare a una soluzione un po' diversa. Si chiama uovo, è un oggetto ovale, perfettamente ovale dissero gli altri, la gallina (facciamo gli uccelli in genere e anche i pesci e le rane) si siede sopra all'uovo e lo tiene al caldo e dopo un po' l'uovo si rompe e ne esce un pulcino. Ma i neonati degli uomini come li nutri? Con il latte. Bravo, e i vitelli rimangono senza? Glielo facciamo produrre alle donne il latte, che hanno lì due mammelle bell'e pronte!*

*«Insomma, alla fine il Cda decise di fare nascere i bambini proprio così, che era l'idea più strampalata del mondo, ma piaceva a tutti proprio perché, addizionando assurdità a bizzarrie, permetteva di imporre alle ornitorinche non solo di fare le uova, ma anche di allattare i piccoli. (Quello delle ornitorinche era, in verità, un contentino da dare a uno che si era intestardito che quella fosse la soluzione migliore, e allora gli si disse: Va bene, ragazzo, ne creiamo una sola specie e vediamo come va. Se funziona, si fa sempre in*

*tempo a tornare indietro e a rifare tutto da capo sul tuo benedetto modello ornitorinca.)»*
*Il neonato non capiva. O forse semplicemente non voleva dargli soddisfazione. A volte si è un po' egoisti a dieci giorni. Si mise a piangere. Ma fu un processo graduale. Prima sussultò, poi smorfieggiò, subito dopo scoreggiò, infine spalancò le fauci gengivose in un urletto di Munch da cui uscì un suono così forte che non si capiva come potesse provenire da un corpo così piccolo. Portò le manine alla bocca e prese a ciucciarle. Il padre, dimenticando per un attimo l'originalità del* to be *e del* not to be, *lo sollevò e se lo portò al petto. Il piccolo si arrampicò in cerca di una tetta che non c'era. Il sentimento del padre era: imbarazzo. La mamma era in bagno. Le manine annaspavano aggrappandosi ai peli del petto. Poi, finalmente, la piccola bocca da squalo trovò un capezzolo e provò a nutrirsi. Il sentimento del padre era: forte imbarazzo.*

*Ma bastò che lei apparisse perché quei cupi sentimenti diventassero oblio. Ella possedeva il seno, addirittura due, e li sapeva usare. Sorrise. E appariva ancora più incantevole, più meravigliosamente bella, con quelle due occhiaie profonde e bluastre, segni nobilitanti del suo (di lei) sacrificio: dieci giorni, 230 ore di veglia e 10 di sonno (agitato). Con un gesto aggraziato sbottonò la camicia da notte, bianca che sembrava Ligeia del racconto di Poe, ed estrasse una mammella. Il padre, democraticissimo, si fiondò sul libriccino su cui erano segnate le già innumerevoli poppate inflitte dal bimbo: «Tocca alla sinistra, amore, quella senza ragade». Mamma lo sapeva e aveva già porto al piccolino, che stava ormai dimenando le mandibole, il seno sinistro, quello senza ragade. Gli occhi chiusi da eroinomane, i piedini percorsi da fremiti di piacere.*

*«Sai, amore, ieri notte ho sognato di fare sesso con un omino piccolissimo, non è che mi piacesse, ma mi eccitava, sembrava un vecchietto. Non vorrei fosse una cosa edipica.»*
*Lo era, ma bisognava capirla. Le erano saltati un paio di*

*punti e per un po' non poteva essere donna a tutti gli effetti. Naturale che in quella sua testa gli avvenimenti delle ultime settimane, le sue paure e le sue angosce, la sua gratificazione e la sua stanchezza dessero forma a strani collage. Non gli faceva mancare nulla, per ora, al suo uomo, nemmeno il sesso (orale ovviamente: ne parlavano moltissimo), e lui, per la prima volta in vita sua, non si sentiva solo.*

*Già che siamo in argomento, diciamolo: tutto era cominciato con il sesso e per il sesso. «E di grazia, come facciamo in modo che i maschi della specie siano indotti a infilare il loro proboscidino là dentro?» La domanda gettò il Cda in alcuni secondi di silenzio pensante. Pareva di sentirli rimuginare, i sacri cervelli. Poi si alzò uno e disse: «Inventiamo il sesso». A tutti parve chiaro, la soluzione era quella, e a nessuno venne in mente di chiedere che cosa fosse il sesso di preciso. Così, per questa dimenticanza, tutti ce lo troviamo ancora addosso, tra i piedi, senza sapere bene che cosa sia e perché.*

*Si erano incontrati e si erano molto piaciuti. Inoltre, più o meno, cercavano entrambi la stessa cosa. Era iniziata rock'n'roll e in dieci giorni sembrava una sinfonia di Mozart. In qualche mese Šostakovič alternava lazzi di fiati a dodecafonie indigeste. Si amavano e non è che ci avessero pensato bene bene a cosa significasse generare. Anche perché è l'unico modo oggigiorno per far figli. Così si trovavano in casa un piranha che assomigliava a Homer Simpson, un tubicino digerente e urlante rivestito di pelle e di pochissima carne, che per un miracolo messo in atto dal Cda di cui sopra aveva il potere di sprofondarli in uno stato di beatitudine ansiosa.*

*Ella non poteva fare a meno di preoccuparsi di ogni cosa, specialmente se il piccolo aveva mangiato abbastanza; egli di pensare soprattutto idiozie. Per esempio: era steso sul letto a osservare sua moglie e suo figlio impegnati l'una a nutrire, l'altro a nutrirsi, quando si sorprese con questa ideuzza in testa: il marxismo funzionerebbe se la vita durasse un* anno soltanto. Solo tra i neonati la soddisfazione dei bisogni primari basta a garantire la felicità. O forse era quel bambino a essere un marxista. La sua foga dimostrava un pragmatismo che Lenin da piccolo col cazzo. Eppure, forse, neanche a un neonato il latte bastava a essere felice. Pensò che esistere era come stare in una barca a vela. Un posto dove il vento è vento, la fame fame, il sonno sonno. Era quella la prima lezione: vivere e nascere non sono decisioni, ma eventi elementari di cui – comunque – ci si trova a essere spettatori.

# La magia del concepimento

# OVULI VERSUS SPERMATOZOI
## Protagonisti a confronto

| OVULO | SPERMATOZOO |
|---|---|
|  |  |

### MATURAZIONE

| | |
|---|---|
| Quando, verso i 12 anni, una femmina inizia a ovulare, le sue ovaie contengono 500 mila ovociti, cellule germinali che maturando nei follicoli diventeranno ovuli. | Quando, verso i 12 anni, un maschio inizia a essere fertile, gli crescono degli orrendi baffetti, viene turbato da qualsiasi cosa fatta a forma di donna e inaugura una pratica che non abbandonerà tanto presto. |

### QUANTITÀ

| | |
|---|---|
| Nel corso di una vita, solo 400 ovuli giungono a completa maturazione (uno al mese dall'avvento delle mestruazioni alla menopausa). | Durante ogni eiaculazione se ne vanno dai 5 ai 200 milioni di spermatozoi. La metà dei quali immobili o incapaci. La gara vera e propria ne coinvolge un centinaio. |

### TEMPI E MODI

| | |
|---|---|
| Il ciclo dura 28 giorni. I primi 13 se ne vanno per la maturazione, durante il 14° l'ovulo viene espulso dall'ovaia e inizia a scendere attraverso la sua tuba di competenza. Se nei giorni successivi nessuno lo feconda, muore. La dipartita avviene entro le due settimane successive. E il ciclo ricomincia. | Gli spermatozoi si formano nei testicoli durante la spermatogenesi, un processo che dura circa 74 ore. Dopo di che i ragazzi risalgono attraverso il dotto deferente. Lì formano il liquido seminale (o sperma) unendosi ai liquidi prodotti dalla prostata e dalle ghiandole di Cowper. Usciranno solo attraverso l'eiaculazione. |

### GRANDEZZA

| | |
|---|---|
| Un ovulo è una cellula grande. Misura 120 micron. Il micron è pari a un millesimo di millimetro. | Lo spermatozoo è lungo la metà di un ovulo, 60 micron, di cui 5 occupati dalla capocchia. Significa che 17 spermatozoi uno dietro l'altro misurano 1 millimetro e 170 un centimetro. |

### VELOCITÀ

| | |
|---|---|
| L'ovulo è lento come la fame. Per percorrere i pochi centimetri che separano ogni ovaia dall'utero impiega 6-7 giorni. | Viaggia alla ragguardevole velocità di 50 micron al secondo (3 millimetri al minuto, 18 centimetri all'ora). |

### ASPETTATIVA DI VITA

| | |
|---|---|
| L'ovulo maturo, una volta rilasciato dall'ovaio, può vivere al massimo 15 giorni. Non risultano casi di ovuli che si siano spinti nel mondo esterno. | Nel mondo esterno il poveretto muore subito. Dentro il corpo femminile, invece, può arrivare alla venerabile età di 72 ore. |

# Impollinatori in azione

*Every sperm is sacred,*
*every sperm is good.*

MONTY PYTHON
*Il senso della vita*

Per tutti i dubbiosi e per gli invasati, per coloro che, colti dal deliquio di una luna piena, stregati dal fascino di un sorriso aperto o di un bel paio di natiche, avvertono il formicolio di un impellente desiderio di paternità manifestarsi improvviso dalle parti del basso ventre, abbiamo pronto un antidoto assolutamente naturale e testato. Si tratta dell'inizio di un grande libro, *La vita e le opinioni di Tristram Shandy, gentiluomo*, scritto intorno al 1760 da Laurence Sterne: "Avrei desiderato che mio padre o mia madre, o meglio tutti e due, giacché entrambi vi erano ugualmente tenuti, avessero badato a quello che facevano, quando mi generarono". Chi resistesse a Tristram, potrà verificare la propria determinazione affrontando altre letture altrettanto scoraggianti. Si può partire dalle lettere di Kafka al padre, continuare con *Edipo* di Sofocle, naturalmente, per finire immergendosi in quella palude, densa di tenebre e morte, che è il rapporto tra Dombey e figlio descritto da Charles Dickens. Nel caso in cui, espletate le letture, il formicolio al basso ventre non sarà passato, e se nel frattempo la proprietaria del magnifico sorriso non sarà scappata con un altro, sarete pronti per un'eiaculazione finalmente produttiva.

La prima cosa da tenere presente è che per fecondare

l'ovulo ci vuole una bella mira. Non è che di solito uno si accoppia e va subito a segno. Soprattutto nel caso in cui il progetto sia frutto di una scelta consapevole e responsabile da parte dei genitori, il momento del concepimento tende a farsi desiderare. La circostanza espone il maschio a vari disagi psicologici e a un rapporto problematico con i propri spermatozoi. Anche perché, durante l'era dei tentativi, le notizie sul flagello della sterilità maschile sono ovunque, come per gli stempiati i trattamenti anticaduta. Pubblicità di nuovi mirabolanti prodotti spermoringalluzzenti raggiungono gli aspiranti padri mentre sul tram spiano il giornale di un vicino, conteggi deprimenti li sorprendono sul water mentre sfogliano una rivista, non lasciandoli mai tranquilli. Preparatevi: sarà uno stillicidio. Che potrà gettarvi in uno stato di cupa preoccupazione. Vi scoprirete a pensare al vostro seme e a quello altrui, oscillando tra orgoglio, paura e invidia. Cercherete di calcolare il numero di spermatozoi per millilitro, vostro e degli altri. Si sa di aspiranti padri che, recuperato da un vecchio baule il microscopio delle medie, e dopo essersi autoindotti orgasmi artigianali, hanno tentato di verificare scientificamente l'effettiva presenza dei propri spermatozoi. Può essere utile, in casi come questi, conoscere la verità dei dati per non sprofondare nel panico prima del tempo e per rivolgersi a un medico quando il tempo sarà scaduto.

Il 15-20 percento delle coppie è sterile. Per evitarvi complicati calcoli mentali: una su cinque farà molta fatica ad avere un bambino. Questo significa che quando giocate a pallone a undici, i testicoli dell'ala destra ospitano un deserto. Non c'è da stare allegri, soprattutto se siete ala destra. La situazione dello SPERMA in Occidente è davvero desolante. Nel 1974 una goccia di sperma sembrava il festival di Woodstock: in un millimetro quadrato di liquido seminale si potevano contare un numero di spermatozoi oscillante tra gli 80 e i 100 milioni. Nel 1994 erano già dimezzati (40 milioni). Da allora questa tendenza non si è invertita. Oggi un millimetro quadrato di sperma assomiglia a un concerto di Peppino Di Capri in un night di Modena in una sera d'inverno.

---

## CINESERIE
### L'antica saggezza orientale insegna come concepire un figlio perfetto

L'ideogramma cinese che significa padre

"P'êng-tsu disse: 'Per avere figli, un uomo deve accumulare e alimentare il proprio seme e non eiaculare troppo frequentemente. Se egli emette poi il seme congiungendosi con la donna il terzo o quinto giorno dopo la fine delle sue mestruazioni, ne conseguirà il concepimento'." (Tung-hsüan-tzû, dinastia Sui, 590-618 d.C.)

*Sembra facile:*

"... si deve aver cura di evitare le nove calamità che sono le seguenti: 1) Un bambino concepito durante il giorno avrà tendenza a vomitare 2) Un bambino concepito a mezzanotte... sarà muto e sordo. 3) Un bambino concepito durante un'eclisse solare verrà bruciato o ferito. 4) Un bambino concepito durante i tuoni e i lampi... manifesterà facilmente disturbi mentali. 5) Un bambino concepito durante un'eclisse lunare sarà perseguitato dalla malasorte, e così pure sua madre. 6) Un bambino concepito quando in cielo appare l'arcobaleno sarà esposto alla cattiva fortuna. 7) Un bambino concepito durante il solstizio d'estate o d'inverno recherà danni ai suoi genitori. 8) Un bambino concepito nelle notti di luna crescente o calante sarà ucciso in guerra o accecato dal vento. 9) Un bambino concepito durante un'ubriacatura e dopo un lauto pasto soffrirà di epilessia e pustole e ulcerazioni". (*Ch'an-ching*, classico dell'ostetricia cinese antica)

---

Le teorie più accreditate puntano il dito sui colpevoli di sempre: stress, inquinamento, fumo da sigaretta, vita sedentaria, lunghe permanenze in automobile o, peggio, in moto. Resta forte il sospetto che, specchio dei tempi, tutto ciò si debba alla precisa volontà del sempiterno Consiglio di amministrazione di tagliare drasticamente il personale. Il quadro può spaventare. L'appello degli spermatozoi può essere effettuato, a peso d'oro, soltanto nei centri specializzati. Evitate di andare alla ricerca del microscopio che tanto è inutile. Proseguiamo. Se state leggendo, significa che non state cercando su Internet o sulle Pagine utili gli indirizzi dei Centri della fertilità più vicini a casa. E allora datevi tempo. E datevi alle gioie dell'amore come ricci. Per scaramanzia tenete sul comodino una figurina di Paolo Rossi: il ricordo del suo digiuno e della sua esplosione ai Mondiali di Spagna del 1982 può essere di conforto. Perché la coppia sia dichiarata tecnicamente sterile deve passare un anno di sesso indefesso, anno che si rivelerà in ogni caso piacevole. Le statistiche recitano: il 25 percento delle donne rimane incinta entro un mese, il 63 percento nei primi sei mesi, l'80 percento in un anno, le altre dopo.

Di chi è la colpa? Ai bei tempi andati, quando i maschi erano privilegiati e le donne sottomesse, la responsabilità del mancato arrivo dell'erede era attribuita d'ufficio alle femmine. Non era un'usanza molto civile, d'accordo, ma ai maschi veniva comoda. Con questo trucchetto il buon re poco fecondo Enrico VIII riuscì a cambiare otto mogli senza che si avesse troppo da dire, un record superato solo recentemente da Liz Taylor con un camionista cotonato (circostanza che dà la misura di quanto siano grami, per gli uomini, i tempi che corrono). Oggi che la pacchia è finita, i dati sono ecumenici: nel 40 percento dei casi la colpa è delle donne, in un altro 40 degli uomini, in un 10 percento la ragione si deve a un infelice incastro di coppia, nell'ultimo 10 percento a ragioni ignote. Insomma, nonostante il recital di Peppino Di Capri a Modena in una notte d'inverno, le probabilità di centrare l'ovulo prima o poi restano alte.

Una parola va spesa sui consigli delle amiche e delle zie di lei, e sui modi per evitarli. Sulla difficoltà di concepire esistono due grandi scuole di pensiero. Ovvio che sostengano tesi diametralmente opposte. La prima consiglia di farlo pochissimo in modo da rafforzare il seme e popolarlo di spermatozoi, la seconda di farlo tantissimo ed eiaculare come idranti. Inutile dire che la seconda è migliore, anche se estenuante. Una pericolosissima terza scuola, per fortuna minoritaria, raccomanda strani rituali basati sulle fasi della luna e delle maree, sui poteri delle piante officinali e dei transiti astrali. Se avete la sfortuna di stare con una che ci crede, per voi la vita sarà un inferno. Quando Giove entrerà in trigono con Plutone, ma sarà opposto alla costellazione del Toro, il vostro membro dovrà erigersi, pena la costernazione di lei, alla volta dell'Orsa Maggiore. Se pure ci riuscite (e puntare l'Orsa Maggiore non è facile come sembra) dovrete trangugiare un beverone al bergamotto bollente che lo farebbe ammosciare perfino ad Asterix.

A chi proprio non riuscisse a impollinarla, rimangono cinque strade:

1) rassegnarsi
2) cambiare donna se è colpa della donna
3) prestarla a qualcun altro se la colpa è del seme
4) pensare all'adozione (che si fa anche del bene)
5) tentare la via della fecondazione assistita.

Senza voler entrare troppo nel merito del caso 5, sappiate che gli acronimi delle tecniche più in voga sono in perfetto stile finanziaria tarocca: sigle come ICSI (Intra Cytoplasmic Sperm Injection), GIFT (Gametes Intra-Fallopian Transfer) e FIVET (Fertilization In Vitro Embryo Transfer). Senza contare che le tecniche meno diffuse presentano nomi di imposte: ICI, IUI, IPI, TET, ZIFT, GIUT e SUZI. Se siete qui, però, è perché probabilmente ce l'avete fatta. È anche probabile che il vostro migliore amico non c'entri. Quando ce l'avete fatta, il padrone si chiama ritardo. «Ti sono venute, cara?» «Non ancora, tesoro.» Seguono sorrisi teneri. Facciamola breve.

# LA VALLE DELLA FECONDITÀ MASCHILE
## Viaggio al centro del basso ventre

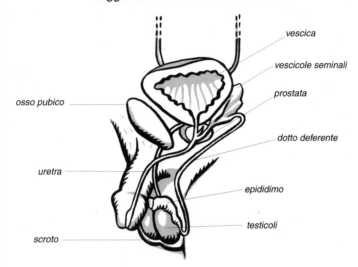

osso pubico

uretra

scroto

vescica

vescicole seminali

prostata

dotto deferente

epididimo

testicoli

La conoscenza dei propri genitali è oggi uno dei vantaggi della donna sull'uomo.
I testicoli sono ovali, hanno un diametro compreso tra i 3 e i 5 centimetri e risiedono fuori dal corpo in un sacchettaccio peloso, grinzoso e pendente: lo scroto.
Sembra una cosa da niente e invece è un manufatto di alta ingegneria. Nascosto nello scroto agisce infatti un complesso sistema di muscoli e membrane che funge da aria condizionata. I testicoli, la cui fertilità può essere danneggiata dal caldo, rimangono così a una temperatura di qualche grado inferiore a quella corporea.
Altra caratteristica importante dei nostri è la capacità di produrre ANDROGENI e il loro sovrano, il TESTOSTERONE. Gli androgeni sono ormoni che fanno cosette tipo differenziare e sviluppare gli organi sessuali, far cambiare la voce, far crescere peli e barba e, in ultimo, dare un qualche aiutino al cervello.
Anatomicamente i testicoli sono formati da tubuli che producono spermatozoi a pieno ritmo, trasformando cellule staminali diploidi (cioè normali, con 46 CROMOSOMI) in GAMETI, cioè spermatozoi, cioè cellule aploidi con soli 23 cromosomi che quando incontreranno l'ovulo femminile (anch'esso dotato di soli 23 cromosomi) origineranno un patrimonio genetico completo.
Quando è tempo, gli spermatozoi passano dalle porte dell'EPIDIDIMO e risalgono attraverso un canaletto detto DOTTO DEFERENTE dove rimangono buoni buoni, in attesa che capiti l'occasione giusta. Durante l'attesa vengono raggiunti dai liquidi prodotti dalla PROSTATA e dalle ghiandole di Cowper, dando vita al liquido seminale (o sperma).
Quando l'uomo si eccita, il sangue che affluisce nel pene (tecnicamente è un tessuto cavernoso, come i polmoni, cioè una specie di spugna) fluisce nei corpi cavernosi e provoca l'erezione. Può anche non succedere nulla, purtroppo.
All'interno del pene c'è un canale, l'URETRA, attraverso cui scorrono, alternandosi, pipì e sperma.
L'eiaculazione è quasi sempre involontaria. Cioè non la si controlla alla perfezione. Avviene perché l'aumento della pressione arteriosa determina contrazioni spontanee del pene, delle vescicole seminali e della prostata. Quando questo accade il liquido seminale (da 1 a 5 ml, un cucchiaino da caffè più o meno) viene spinto fuori trascinando nella sua folle corsa decine di milioni di spermatozoi.

Ormai le analisi si possono fare in casa. Già una decina di giorni dopo l'eventuale fecondazione, gli stick che si comprano in farmacia sono in grado di dare un responso definitivo. O quasi, ma ogni confezione contiene due stick e se i due risultati concordano è fatta. Funzionano attraverso la rilevazione e la misurazione del βHCG, o beta gonadotropina corionica, un ormone che normalmente è assente nelle donne non gravide. Offrono risultati validi al 90 percento (in laboratorio si arriva al 98). Per fare il test, bisogna prendere lo stick, estrarlo dalla pratica custodia e farci la pipì sopra. Se la fa lei, il risultato è molto più attendibile. Se è incinta, dopo qualche secondo si forma una riga blu orizzontale dentro una finestrella. Se non è incinta la riga è rossa verticale. (In realtà, righe, colori, orizzontalità e verticalità variano da modello a modello.) Se è incinta e il bambino è voluto, è una gran gioia. In tutti gli altri casi, no, ma ci sono nove mesi per abituarsi all'idea. Gli effetti collaterali della gran gioia sono sensazioni bislacche. La prima è che uno si sente un perfetto idiota a guardare teneramente una riga blu orizzontale sulla finestrella di uno stick umidiccio. Possono anche verificarsi episodi francamente grotteschi. In una casa di Milano, incorniciato, in una camera da letto, campeggia uno stick. Ormai è sbiadito, perché le righe orizzontali violacee dopo un po', giustamente, hanno voglia di tornare nel nulla, come tutti. L'infelice futuro papà pensava – può darsi – a una prima istantanea del feto. Nel portafoglio conserva sicuramente un'ecografia e la mostra in giro pieno d'orgoglio. La dignità, la scaramanzia, il pudore consigliano di trattenersi.

Prima di concludere e passare alla gravidanza vera e propria è il caso di fare un breve ripasso di come tutto ciò possa essere successo. Giusto per evitare figuracce. Abbiate la pazienza di seguirci e vi sarà utile. Il primo a capire che due più due faceva quattro fu un tal Lazzaro Spallanzani, e non era mica il 400 avanti Cristo, no, ma il 1780, praticamente l'altro ieri. Lo Spallanzani fu anche il primo a sperimentare la fecondazione artificiale, diavolo di uno scienziato. Erano due, come Coppi e Bartali: Francesco Redi era fautore dell'idea della generazione spontanea: se lasci la carne a marcire fuori dal frigo, dopo un po' si formano i vermi, ergo la carne marcendo genera vita. Lazzaro Spallanzani dimostrò che i vermi si formano perché le mosche, in precedenza opportunamente sollazzate da mosche maschi, hanno depositato le uova. Prima di loro, l'idea più diffusa in Occidente risaliva ad Aristotele che la faceva da padrone un po' in tutti i campi: nel seme dell'uomo è contenuto il principio formale, nell'ovulo della donna il principio materiale o ricettacolo. In pratica, l'uomo creava la vita, la donna ci metteva la materia. L'idea di Aristotele venne semplificata nel Medioevo nella teoria dell'*homunculus*, secondo cui dentro ogni spermatozoo c'è una faccina, un sorrisino, due piedini ecc. ecc. ecc., cioè un bambino già perfettamente formato (in piccolo).

Oggi si sa – anche questo orgoglio maschile è tramontato – che papà e mamma compongono una Spa al cinquanta percento, uno ci mette la metà dei geni, la seconda l'altra metà. Che il piccolo spermatozoo per arrivare alla meta deve sudare come un dannato, sgomitare, scattare, superare, sfruttare la forza del getto, pedalare a più non posso sotto il solleone, come in una immensa corsa ciclistica, tra altri venti milioni come lui. Mentre l'ovulo, grande ventiquattro volte la capocchia del poveretto, si limita ad aspettarlo placido e ozioso, tingendosi le unghie o facendosi la ceretta. Insomma, nonostante la società sia *fifty-fifty*, la metà maschile è posseduta da un immenso consorzio di poveri braccianti, quella femminile da un unico grasso proprietario terriero. Per fortuna ci si vendica un po' con la gravidanza, moltissimo con le contrazioni del travaglio, abbastanza con l'allattamento. Ma c'è tempo per parlarne. Prima di affrontare la gravidanza, torniamo al padre di prima e ai suoi goffi tentativi di dialogo con il figlio.

# A chi assomigliava?

*«Brigante, sei un brigante. Un minuscolo screanzato, un ri-baldone ribaldino, un gaglioffo di quattro cotte, uno spieta-to lattonzolo.» Una cosa era sicura: gli piaceva insultarlo. So-lo che gli salivano in gola vocaboli ricoperti di ragnatele. Da dove li tirava fuori? Quali film di cappa e spada gli avevano inflitto da bambino? Avrebbe pagato per avere a disposizio-ne parole come stronzetto (10 euro), scemotto (5 euro) o an-che cretinetti (2 euro). E invece cercava di instaurare il pri-mo embrione di dialogo con il suo bambino, inanellando pa-role che non avrebbe mai pronunciato in pubblico. Ne sa-rebbe andato della sua credibilità nei secoli a venire.*

*Il vampiro starnutì, una, due, tre volte. La mamma era di nuovo in bagno. Afferrò un bavaglino che giaceva sul bor-do della culla e tentò di pulirgli il nasino che, per la verità, appariva già piuttosto pronunciato. L'infante tossì tuonan-do. A quel punto singhiozzò come un vecchio baritono ubria-co, e fu subito una mitragliata. Non aveva più bavaglini cui votarsi, suo figlio stava sussultando, sobbalzava come un motore imbolsito, minacciando di esplodere. Gli passò le mani sul petto, lentamente, e si accorse che lo stava toccando come non sapeva di saper toccare. Poi, miracolo, da qualche parte in mezzo al torace gli uscì una voce calma che non sem-brava sua. Una voce che non aveva bisogno di parole, ma che diceva suoni tranquilli a entrambi. Il bambino si calmò, chiuse gli occhi. Quando giunse lei, radiosa, tutto era calmo di nuovo.*

*Per lui il concepimento era iniziato una notte d'agosto in un'isola thailandese la cui particolarità era di avere ovunque acqua alta pochi centimetri e di conseguenza ovunque bollente. Era notte fonda e aveva appena terminato di rileggere il racconto* I morti *di James Joyce, quello che finisce così: "E l'anima gli si velava a poco a poco mentre ascoltava la neve che calava lieve su tutto l'universo, che calava lieve, come a segnare la loro ultima ora, su tutti i vivi e i morti". Fu preso da un magone così forte che gli venne un'erezione. Era un'erezione come raramente nella vita, una di quelle erezioni in cui il pendaglio da forca sembra acquistare vita propria e sentimenti e desideri, e si erge verso la Croce del Sud come un amuleto ancestrale. Lei dormiva al suo fianco. La svegliò e ne abusò, animato dalla precisa intenzione di ingravidarla. La sua risposta a Joyce si concretava nel sentirsi un guerriero thai, uno che si chiamava tipo Malua, viveva sotto un vulcano e indossava una collana di zanne di tigre estratte a mani nude. Il suo getto non sortì effetti, come una serie infinita di altri nei mesi a venire. Avvenne però che l'impulso diede il via a una ridda di preoccupazioni. Quando, la notte seguente, un topone fu avvistato a passeggiare sulle travi del bungalow, i due ne furono scioccati proprio in considerazione dei danni che la visita avrebbe potuto provocare al nascituro. Astuta contromossa: una notte passata a dormire all'aperto in compagnia di serpenti, tigri, capibara, iguana e del topone di cui sopra.*

*Mesi dopo, trovò nella buca delle lettere una raccomandata. Era stata inviata dai sindacati dei suoi lombi che giustamente pretendevano il pagamento degli straordinari. Nonostante questo, i cicli di lei continuavano a succedersi svizzeri, sfilacciandosi appena, quel tanto da comminare alla coppia, ogni volta, il supplizio dell'attesa e della speranza. Fu solo sposandola che il grasso ovocita di lei decise final-*

mente di schiudere le imposte per lasciar entrare un po' di aria nuova. *Il bambino nacque – e questo testimoniava di una sua vocazione moralizzatrice e questa vocazione al padre non dispiaceva affatto – nacque esattamente nove mesi dopo il giorno degli sponsali. 10 settembre 2000-10 giugno 2001, i calcoli fateveli da soli. Evidentemente era stato concepito in un'altra isola, greca questa volta, meta del loro viaggio di nozze. Anche quest'isola era dotata di una caratteristica unica. Era grande come una piastrella, ma in qualunque punto ci si trovasse si era lontanissimi dal mare. La classicità era un'altra circostanza che al padre segretamente gonfiava il petto d'orgoglio. Per essere concepito il suo primogenito aveva scelto l'utero della cultura occidentale, niente meno. Era sicuramente destinato a grandi cose.*

*Lo guardò. Aveva diciassette giorni e se ne fregava, dormiva. Anche la madre dormiva. Si chiese a chi assomigliasse. Scartò Demostene, il greco che aveva il bar dove andavano sempre. E poi compose l'elenco. Suo figlio assomigliava a un sacco di gente. A un sacco di gente tranne che a lui. In quel faccino si potevano riconoscere i lineamenti, in ordine sparso, di Truman Capote, Billy Wilder, Luciano Onder, Winston Churchill, Gigi Radice, Jader Jacobelli, Alfred Hitchcock, papa Paolo VI, suo bisnonno Maurizio (non del papa, del bambino), il signorino Arnolfini, figlio dei coniugi del famoso dipinto di Van Eyck, Johnny Dorelli da vecchio, Mickey Rooney da giovane, il suo amico Marchino (si sarà mica fatta Marchino?), Fedele Confalonieri, Peter Lorre e Joe Sentieri. Tutta gente troppo vecchia o troppo imparentata per allarmarlo davvero. Fu un pensiero tranquillizzante, ma sapeva che se anche quel bambino non fosse stato suo, forse ormai lo era diventato.*

# I primi tre mesi

# TUTTO IL FETO MINUTO PER MINUTO
## da 0 a 3 mesi (settimane 1a-13a)

PRIMA SETTIMANA. Fischio di inizio. Lei ha le sue celebri cose. Dopo qualche giorno le celebri cose finiscono. La vita va avanti. Il conteggio non inizia nell'istante del concepimento, ma in quello delle mestruazioni della signora. Come a significare: la fecondazione è un accidente e il contributo maschile decisivo, ma solo a processo iniziato.

SECONDA SETTIMANA. I giorni passano. Lei da fuori è normale, ma dentro sta ovulando. Un'attività che le femmine della specie compiono, più o meno, a metà tra una mestruazione e l'altra, il che significa (durando il ciclo 28 giorni) circa dodici giorni dopo le ultime mestruazioni. Un ovuletto si rende indipendente, abbandona l'OVAIO e pian pianino ridiscende lungo la TUBA DI FALLOPPIO di sua competenza. Se nelle ventiquattr'ore dal suo rilascio incontra uno spermatozoo (e se gli piace) avviene la fecondazione. Se si vuole avere un bambino è il momento di provarci.

TERZA SETTIMANA. La testa dello spermatozoo penetra all'interno dell'ovulo eludendo gli sforzi della difesa avversaria. Le due cellule si fondono in una decidendo di mettere in comune i propri cromosomi. Tutto avviene velocemente nelle ore e nei giorni successivi al concepimento. Verso il quinto giorno si forma la BLASTOCISTI, cioè la cellula già divisa in un gruppo di cellule.

QUARTA SETTIMANA. È il momento dell'annidamento: dopo avere vagato nell'utero per un paio di giorni l'ovulo fecondato e ormai composto da una quantità di cellule si fissa alle pareti dell'utero. Sono in poche ad accorgersene subito. Alcune lamentano di sentire sapore di ferro in bocca.

QUINTA SETTIMANA. Le mestruazioni sono in ritardo e non arrivano, ma la sensazione è che debbano arrivare. I seni sono più sodi, la pancia può fare male. A quest'epoca i test di gravidanza sono già in grado di dare certezze. Dal canto suo l'EMBRIONE è già lungo 5 millimetri, ha un piccolo cuore che batte, la sua piccola sessualità è già decisa.

SESTA SETTIMANA. Incredibile, signore e signori. Da oggi quell'avanzo di blastocisti che era stato è diventato un embrione. È già lungo 10 millimetri, mica nulla. Possiede già una specie di testa con dentro una specie di cervello. La specie di testa è distinta da una specie di tronco da cui si sviluppano quattro specie di arti, due sopra e due sotto. Altra circostanza degna di nota: inizia a funzionare una specie di sistema circolatorio. Di fuori, nel mondo, le cose non vanno benissimo: lei patisce le prime nausee mattutine.

SETTIMA SETTIMANA. Alle prime nausee mattutine si aggiungono stanchezza cronica, una serie infinita di disagi, fastidio per particolari odori e alimenti. Mentre c'è desiderio di altri, astrusi. I seni sono diventati più grossi e duri come il marmo. Incurante, il feto ha sviluppato braccia e gambe. È lungo 1,2 centimetri. Ormai si è fatto un ometto.

OTTAVA SETTIMANA. Il ventre della vostra signora incomincia ad apparire arrotondato. Per forza, ormai il ragazzino è lungo la bellezza di 2,5 centimetri. Possiede un corredo completo di organi interni. Occhi e orecchie sono ancora in fase di abbozzo.

NONA SETTIMANA. Mentre lei continua a lamentarsi e a soffrire, quello fa i suoi piccoli progressi sviluppando le dita di mani e piedi e muovendosi appena d'intorno.

DECIMA SETTIMANA. Alto addirittura 4,5 centimetri, il palombaro è tutto preso a sviluppare giunture, polsi e caviglie in primo luogo. Lei ormai è un po' gonfia e tettuta. Non ha smesso di lamentarsi.

UNDICESIMA SETTIMANA. Una settimana importante perché segna, più o meno, la svolta nello stato della gravida che, gradualmente, torna a sorridere. Intanto, là dentro, ci si occupa di testicoli e ovaie. Probabile una prima ecografia. Si vede un puntolino molto poco antropomorfo.

DODICESIMA SETTIMANA. È cresciuto ancora, non lo riconoscereste. È lungo 5 centimetri in altezza e ha un peso tra i 15 e i 20 grammi.

TREDICESIMA SETTIMANA. Un altro paio di centimetri. Nuota nel liquido amniotico guardandosi intorno. Perché le palpebre, anche se non aperte, si sono già formate. Le nausee sono sparite senza salutare nessuno.

*Continua a pagina 70*

# Il bastardello si annida

«Rizzo ha una pagnotta nel forno.»
*Grease*

Se non si annida non se ne fa niente. Il vostro sperma ha fatto il suo dovere, potete mettervi il cuore in pace, però qualcosa non va come dovrebbe e l'embrione non si può formare. Per capire la faccenda, occorre sapere qualcosa dei meccanismi della gravidanza femminile, anche perché quelli della gravidanza maschile a tutt'oggi non sono stati studiati. Incontrato l'ovocita nel terzo medio della salpinge (che poi è la tuba o tromba di Falloppio, dieci centimetri di canale tra utero e addome), fusosi con la membrana vitellina, penetrata la zona pellucida e attraversato lo spazio peri-vitellino, il piccolo, dolce, esausto spermatozoo può finalmente esclamare «Sono contento di essere arrivato uno» e baciare la Miss Tappa. Solo che, povero cristo, a quel punto l'ovocita si risveglia, diviene ovulo aploide definitivo (potete non imparare tutti questi termini) e per non fare entrare più nessuno, sbarra le imposte, irrigidendo la suddetta zona pellucida. Fermiamoci: è doveroso spendere una parola, un pensiero e magari un minuto di silenzio per tutti i milioni di figli e fratelli rimasti fuori. Sarebbe come se, passato il vincitore, sul traguardo della Milano-Sanremo calasse – zac! – un muro infrangibile, e tutti i ciclistini, campioni, stelline, promesse e vecchi gregari ci si sfracellassero contro. Partire in bici da Milano alle sette del mattino, pedalare attraverso la pianura padana, scalare il Turchino e dopo il Poggio, scapicollare giù dalla discesa della Cipressa, immettersi sull'Aurelia ed entrare, *finally*, nella città dei fiori, solo per andare a sbattere contro un muro duro e oleoso è una di quelle cose che non si augurano neppure al peggiore nemico, figurarsi alle schiere dei nostri figli, figlie e fratelli e sorelle mai nati. Peccato. Piangere a questo punto non serve. Quel che è stato è stato.

Dobbiamo concentrarci sul processo dell'annidamento che non è una bella parola, è vero, soprattutto se riguarda la carne della nostra carne, ma la parola è questa e non ci si può fare nulla. Si è fatto sesso. Dopo a volte viene sonno, altre ci si alza per andare a lavorare o al cinema, in alcune circostanze si è costretti a presenziare al rituale delle "coccole" (parola che ogni maschio che sia ancora tale dovrebbe tenere lontana da sé), altre ancora ci si gode la sigaretta postcoitale. Il braccio si distende verso il comodino, la mano annaspa, il pacchetto è aperto, la sigaretta è alla bocca, l'accendino scatta, la fiamma si accende e si avvicina. Se fossi in voi non lo farei. Il fatto è che questa volta è incinta e come vi hanno ripetuto infinite volte, il fumo per feti e bambini è più velenoso che per gli altri. Avete mai visto un embrione tabagista? Voi ve ne fregate, e pure lei a dirla tutta, ma il miracolo della vita sta avendo luogo proprio in questo momento. Il maschio si smarca e accende la televisione, magari sono le sei e venti di domenica, *90° minuto*, lei è al telefono con un'amica disperata perché il fidanzato la tradisce, e intanto il nucleo dello spermatozoo vincitore perde la sua membrana e diventa un protonucleo maschile che abborda il protonucleo femminile, i due si spogliano dei propri rivestimenti, fondendosi e mischiando i rispettivi cromosomi (23 a testa: solo le cellule riproduttive maschili e femminili, i gameti, ne possiedono così pochi, normalmente sono 46) per compiere la prima divisione meiotica. Sono passate tra le 12 e le 24 ore dal vostro orgasmo (e forse da quello di lei) e ormai si pedala in discesa. Quando i due protonuclei decidono di associare i propri genomi, lo ZI-GOTE è formato. Il teatro di tutta l'attività è la solita membrana pellucida. Se il giorno in cui spiegavano la moltiplicazione per due eravate assenti, avrete qualche difficoltà a capire la divisione cellulare. Lo zigote si divide in due cellule che si dividono in quattro che diventano otto eccetera eccetera eccetera. Verso il quinto giorno dal vostro orgasmo (e forse da quello di lei), si forma la blastocisti che non è una bella parola, è vero, soprattutto se riguarda la carne della vostra carne, ma questo l'avete già letto. Si tratta di una struttura più complessa che si vuole impiantare nell'endometrio (altra faccenda che sta nell'utero femminile) e inizia a scambiare informazioni chimiche con l'organismo della madre. Per una comunicazione così raffinata i padri dovranno pazientare anni. È in questo momento che, tecnicamente, inizia la gravidanza: gli ostetrici entrano in gioco, i cattolici giubilano per l'esistenza di un nuovo essere umano e i futuri genitori, se lo sapessero, avrebbero di che telefonare e mandare e-mail. Contemporaneamente alle fatiche della blastocisti, l'utero femminile mette ordine in casa per accogliere l'ospite come si conviene. Se non presenta tratti maniacali, eviterà di fargli mettere le pattine. La mucosa si trasforma, i vasi sanguigni aumentano, la muscolatura si ammorbidisce e acquista elasticità. Di fronte a tanto ben di Dio, le cellule della blastocisti prendono a differenziarsi in modo da ancorarsi all'utero. Compiuto l'attracco, compare la linea embrionaria (la blastocisti appare tagliata in due), ovvero il primo vero canovaccio dell'essere umano. Vi siete accoppiati quattordici giorni fa. Voi avete sicuramente avuto un orgasmo, lei non si sa. Se ha già iniziato a lamentarsi è un mostro. Spesso lo è.

# SIAMO AVANZI DI BLASTOCISTI
## *La prima settimana dall'avvenuta fecondazione è un guazzabuglio di cellule*

Eccolo lì, in basso a sinistra, il piccolo spermatozoo all'arrembaggio della membrana pellucida che come un buttafuori riceve l'ospite e chiude le porte a tutti gli altri.

Lo spermatozoo penetra nel nucleo dell'ovulo come un centravanti nell'area avversaria.

Il ragazzo ha perso la coda. Intanto i due nuclei mettono in comune i propri cromosomi e si forma lo zigote (46 cromosomi). Il gamete ovulo e il gamete spermatozoo (entrambi 23 cromosomi) abbandonano la scena.

La divisione cellulare procede a gonfie vele. In questo periodo (sono passati un paio di giorni dall'attracco) si parla di MORULA.

Lì dentro è un casino. Le cellule rimpicciolendosi si moltiplicano. Mentre l'ovulo discende placido lungo le tube per raggiungere l'utero e annidarsi colà.

Le cellule non si contano più e l'ovulo, che si è liberato del proprio rivestimento, ha ormai raggiunto l'utero. Sono passati cinque giorni, all'interno inizia a formarsi una cavità: la morula sta per passare a una nuova fase.

Questo guazzabuglio (cavo all'interno) che sembra un pallone da calcio impazzito si chiama blastocisti. È trascorsa una settimana. Alla blastocisti non resta che annidarsi.

# Beata incoscienza

*Era un ignorante bestiale. Era suo figlio. Ma non sapeva nulla di nulla, niente di niente, tabula rasa. E aveva già diciotto giorni, mica due. Notte fonda, tutti e tre sul lettone, il coniglio mannaro dormiva, gli altri due tentavano di farlo. A intervalli irregolari il padre sollevava la testa quatto quatto in modo da sbirciare, al di sopra delle spalle di lei, il sonno del frutto del suo seme laggiù. Il quale non bivaccava in mezzo ai suoi genitori, come ci si sarebbe aspettato, ma di fianco alla madre. La ragione era semplice: suo padre aveva il terrore di spiaccicarlo nel sonno. Per fortuna lei si era convinta subito. Il cruccio del padre di famiglia sorse improvviso, abbacinante come un pensiero represso. Quello mangiava a sbafo, bruciava chili di pannolini, produceva più cacca di un ippopotamo, teneva sotto tiro chiunque gli capitasse a tiro e non sapeva nulla di nulla. Se gli chiedevi chi fosse Mozart sbadigliava, se provavi con Van Basten si stiracchiava e se la buttavi sulla politica, domandandogli il nome del presidente del Consiglio, emetteva un peto squassante. Non è che non avesse attenuanti, ma era ugualmente deprimente. Della capitale dell'Honduras neanche a parlarne, la* Magna Charta *non era mai stata scritta, la* Divina Commedia *nemmeno, 2+2 era inconcepibile: troppo belle per essere vere, quattro tette gonfie di latte a cui attingere* e da svegliare a intervalli di un'ora e mezzo/due del giorno e della notte. Internet ancora non era stato inventato. E neanche la ruota. Eppure viveva. Una cosa che sembrava impossibile così a spanne. Lo sconforto e la rabbia del padre lasciò il posto a una specie di rivelazione. Uno può non sapere niente, avere il cervello vuoto come un inizio, nessuna parola a rimbalzare tra le sinapsi, ed essere vivo lo stesso, placidamente vivo, pasciutamente vivo e patentemente vegeto. Suonava come un muto rimprovero a tutta la fatica che aveva fatto nei suoi trent'anni per essere all'altezza, relativa, dei suoi simili. Si rivelava un insegnamento sul mondo, che sotto alle parole e a ciò che ne pensiamo è estremamente semplice e, se possibile, ancora più prezioso. Naturalmente la rivelazione durò poco. Il vulcanello urlò, preannunciando l'esplosione nel modo in cui usano le caffettiere. Lei dormendo lo portò al seno, il neonato scosse la testina come a prendere la mira, per non preoccuparla il padre finse di non essersi svegliato, ma intanto aprì un occhio e spiò. Il merluzzo premeva le manine sul seno della sua donna in modo quasi ritmico, come a mungerla (un'azione che gli parve impudica). Non sapeva ancora niente. Ma era già diventato un professionista.

# I quaranta fastidi

Ma forse è per invidia che io mi prendo gioco delle madri, per invidia perché io non sono una donna e quindi
non posso diventare madre io stesso.

GEORG GRODDECK
*Il libro dell'Es*

Il fantasma di Banquo, quello che tormenta il povero Macbeth, è nulla al confronto. Nei primi tre mesi, la presenza
di un embrione si manifesta in modi svariati, tutti spiace-
voli. I sintomi cambiano da donna a donna e si favoleggia
di gravide felici. Certo è che, veri o immaginari che siano,
si tratta di acciacchi e fastidi, disagi e dolori di cui, se non
volete sembrare insensibili, dovrete farvi carico, soprattutto in questa prima fase. Si consiglia di provare allo specchio, già nei mesi che preparano il concepimento, un'e-
spressione compunta e solidale, ma mai allarmata, per non
compromettere l'umore della futura madre e quello del
presente feto. Affronteremo i disturbi più comuni per poi
addentrarci nella selva dei mali rari, indimostrabili, di quei
fastidi che tendono a confondersi con i lamenti e con i capricci. Le famigerate "voglie" coroneranno la carrellata.
Per farlo, però, è d'aiuto sapere che tutto ciò è necessario, perché è nei primi tre mesi che avvengono i cambia-
menti più radicali.

Quando una donna rimane incinta nel suo corpo avviene una piccola rivoluzione. A descriverla sembrerebbe
una cosa da niente e invece pare dimostrato che se un ormone sbatte le ali a Rio de Janeiro può provocare un acquazzone a Cinisello Balsamo. Il loro utero è teatro di mas-

sicci spostamenti di truppe. Intanto c'è quella storia della blastocisti che moltiplica le cellule e forma i rampini per attaccarsi, ci sono le metamorfosi fisiche di cui si è scritto e compare improvviso il famigerato βHCG, l'ormone della gravidanza che permette, in azione combinata con stick o esami del sangue, di sgamare il bimillimetrico intruso.

La blastocisti intanto si dà un gran da fare, e questo avviene, per quanto si sappia, a ogni latitudine (non esistono cioè blastocisti che non hanno vóglia di lavorare), producendo da sé non solo l'embrione, ma anche ciò che gli serve per crescere. Bazzecole come la PLACENTA, il CORDONE OMBELICALE, l'amnios e il sacco vitellino. È una cosa piccola, però fa un gran casino. Venti giorni dopo il vostro orgasmo (e forse quello di lei. Continuo a scriverlo in omaggio a un ragazzo argentino che amava ripetere: «Quando sono stato concepito, mio padre è venuto, mia madre non so»), le cellule si dividono in tre strati, come soldatini prussiani: si formano cioè l'endoderma che darà origine al fegato, ai polmoni e all'apparato digerente, il mesoderma che si preoccuperà di costruire il sangue, il tessuto connettivo e i muscoli e infine, il nostro preferito, l'ectoderma, lo strato che lavora alla cute, ai capelli, ai peli e a Sua Maestà il sistema nervoso centrale. Alla fine del primo mese, il nostro ragazzo (o la nostra ragazza) è lungo (lunga) la bellezza di cinque millimetri (avete presente quei peli inquietanti che vi spuntano dalle narici?). Soprattutto, però, ha già una specie di cuore che sbatacchia un po' e non gli si può chiedere di più, per ora.

Salutate l'embrione, adesso. Se ne va e non torna più. *Adieu.* Alla fine del secondo mese, e sono giorni che passano in fretta, entra in scena il feto (si chiama feto anche se è femmina, perché la feta è un formaggio greco). Iniziano a formarsi gli organi, gli arti e occhi senza palpebre che arriveranno solo verso i sei mesi. Diciamolo una volta per tutte: se i neonati fanno impressione, in questa fase fanno un po' schifo: hanno le orecchie (ma solo i buchi) sul collo, una testa gigante e soprattutto intestino e apparato urinario uniti in un'unica, lurida, cloaca. Lo strazio di sapere la nostra bambina in queste condizioni dura per fortuna solo fino all'ottava settimana, vale a dire (7 per 8 = 56 giorni) fin quasi alla fine del secondo mese. Per allora, gli occhi si saranno spostati in posizione frontale, spogliando il feto dei suoi tratti cubisti, le orecchie esterne finalmente sono spuntate risalendo dal collo fino a occupare il posto lasciato loro libero dagli occhi, si sono formati intestino, stomaco, caviglie, polsi e il cuore è ormai un cuore vero e proprio. A questa età, si è alti più o meno 35 millimetri, cioè 3,5 centimetri (quando giungerete a questa conclusione, sarete orgogliosi di aver imparato le equivalenze) e si pesa 10 grammi. Avete presente i mozziconi di sigaretta in un portacenere pieno? Vostro figlio è uno di loro.

Ridendo e pazziando siamo arrivati al terzo mese, e se le signore non lamentassero continue nausee, mal di testa, stanchezze e altri mille fastidi del genere, per i signori sarebbe una passeggiata. In questo periodo succedono ancora un sacco di cose: crescono le unghie, si forma la colonna vertebrale, si manifestano i primi movimenti a scatti e, *last but not least*, si differenziano gli organi sessuali che danno origine in un caso a maschietti, nell'altro a femminucce. Per una svista del Consiglio di amministrazione, succede però che i capezzoli si siano formati prima ed è questa la ragione per cui anche i maschi li possiedono e i neonati tentano di succhiarglieli. A tre mesi il feto si limita a inghiottire LIQUIDO AMNIOTICO e a usarlo come vespasiano. Qualche parola il liquido amniotico la merita. Perché uno si immagina una specie di vasca da bagno ombrosa, calda e accogliente, e invece le cose non stanno così. Scrive il professor Carlo Flamigni nel fondamentale tomo *Avere un bambino*: "Si tratta di un liquido trasparente, costituito soprattutto da acqua nella quale sono sospese cellule fetali, peli, frammenti di materiale sebaceo". Come se non bastasse, il porco ci piscia dentro e se lo inghiotte. Ma il gran lavoro è fatto, da questo momento in avanti l'atteso si limiterà a lavorare di lima e di cesello in modo da modellare una forma il più antropomorfa possibile. A giudicare da ciò che uscirà dopo nove mesi, poteva anche sforzarsi di più. Alla fine dei tre mesi, si è alti 12 centimetri (sicuramente tutti vi siete misurati il pisello, fate i vostri calcoli) e si pesa poco più di un etto (siccome di gente così precisina da pesarselo ce n'è poca, pensate a un piatto scarsetto di pasta). Abbiamo promesso una valanga di disturbi femminili. È giunta l'ora di accontentare i lettori. Per iniziare lo chef consiglia i più comuni, quelli ai quali quasi nessun mortale potrà mai sottrarsi. Le nausee iniziano quasi subito, quasi contemporaneamente alla scoperta dell'avvenuta fecondazione, e di solito scompaiono tra la dodicesima e la quattordicesima settimana. A proposito, avete già imparato a misurare il tempo per settimane? Fatelo perché per un pezzo vi sarà utile. Fatti bene i conti, dalla comparsa delle nausee al loro svanire trascorrono solo due mesi, ma sono due mesi da ricordare. Le nausee si manifestano soprattutto al mattino (non sempre però) e si accompagnano spesso a schizzi di vomito che quando capita capita. Se capita nel lavandino non è grave, se capita in ascensore è spiacevole, se capita in automobile o durante un amplesso è peggio. A soffrire è lei, naturalmente. L'uomo si limita ad assistere, il che significa guardare, ma anche prendersi cura: vale a dire fare cose come tenerle su la testa o pulire l'ascensore. Il bastardo che la riduce in queste condizioni non siete voi (anche se non mancherete di avvertire nella sua voce un velato rimprovero), ma il solito ormoncino βHCG – che nei primi novanta giorni domina la scena – insieme ai suoi compari ESTROGENI e al PROGESTERONE. Solitamente i disturbi svaniscono così come erano giunti, a volte (raramente) sono così forti e invasivi da farla dimagrire (niente paura: prima dei nove mesi sarà ingrassata di nuovo). Ri-

44

medi? Non c'è niente da fare. I farmaci antinausea sono quasi sempre placebo. Alcuni medici consigliano alle donne di mangiare spesso e poco, agli uomini di portare loro la colazione a letto ogni mattina. Frequente corollario alla sua attitudine nauseata è poi una possibile e forte cacosmia: potrà sviluppare cioè un disgusto per gli odori che quando fate da mangiare le triglie fritte vomiterà nel piatto, se non vi laverete le ascelle vi vomiterà addosso e se fumate, cari miei, non avrete requie né scusanti.

---

### MASCHIETTO O FEMMINUCCIA?
*Dialogo liofilizzato. Le teorie dei greci antichi e le ultime verità: la scelta del sesso è roba da maschi*

ALCMEONE: «Cari miei, la verità è che si realizza nel bambino il sesso del genitore che ha fornito più seme».
EMPEDOCLE: «Che cosa dici: il sesso dipende dalla temperatura dell'utero. I maschi si sviluppano sul lato destro, quello più caldo».
ANASSAGORA: «Hai ragione. Se lo sperma proviene dal lato destro, il più nobile, e si deposita sul lato destro dell'utero, nascerà maschio. Altrimenti femmina».
DEMOCRITO: «Ma che dite! Il bambino è già bell'e formato nello sperma».
ARISTOTELE: «Oh Democrito, guarda che conta anche la mestruazione. Fornisce la materia, poi lo sperma gli insuffla dentro la vita».

*Brancolavano nel buio, i ragazzoni greci. La verità è questa:*
Ovulo e spermatozoo possiedono 23 cromosomi mentre tutte le altre cellule del nostro corpo ne hanno 46. Due dei 23 cromosomi dell'ovulo (X+X) e due dei 23 dello spermatozoo (X+Y) determinano il sesso. Se l'uovo fecondato è un coacervo di X, il bambino nascerà femmina. Se invece c'è un Y nascerà maschio. Visto che a introdurre nella faccenda la variabile Y sono solo gli spermatozoi (perché alcuni contengono solo il cromosoma X e altri anche il cromosoma Y), la determinazione del sesso dipende da papà. Nascono in media dai 103 ai 108 maschi ogni 100 femmine. La ragione dovrebbe essere che gli spermatozoi con il cromosoma Y sono più veloci e quindi partono avvantaggiati.

---

Le voglie non si sa se siano un'invenzione femminile per rendere più divertenti i mesi dell'attesa e vendicarsi dei millenari privilegi maschili, oppure una reale necessità fisiologica. Però esistono anche nella realtà, non soltanto nelle "Risate a denti stretti" della *Settimana enigmistica*. La cosa divertente è che le donne e le voglie sono davvero bizzarre. La donna di cui si scrive aveva sviluppato, per esempio, un desiderio impellente di focaccia al formaggio. Il problema era che non si accontentava di pizze ai quattro formaggi oppure di grossolane imitazioni di panettieri e artisti del pane, lei no, lei voleva la focaccia al formaggio di Recco, quella sottile con la crescenza sciolta (ma non è proprio crescenza che sarebbe facile), una pietanza che a Milano, a novembre, non è precisamente facile a trovarsi e che quando si trova costa mille euro all'etto e per sfamarla ne occorre un chilo. Divorata la focaccia per un paio di mesi, e con essa l'eredità del piccolo, le voglie passano per mai più ritornare.

Altra compagna di questi primi mesi è sua eminenza la spossatezza. La vostra signora avrà sempre sonno, dormirà ogni volta che riuscirà a farlo e se non ci riuscirà indosserà una faccia che il conte Dracula al confronto è abbronzato. Una spossatezza così definitiva da originare i comportamenti tipici dell'encefalite letargica, quella forma di epilessia che spinge chi ne è afflitto ad addormentarsi all'improvviso, ovunque si trovi e qualunque cosa stia facendo. Il consiglio è, quindi, di non prendersela troppo se mentre le parlate d'amore la sentite russare. Se non l'ha mai fatto prima di rimanere incinta, non è grave. I rimedi, anche in questo caso, non esistono. «Dormire ogni volta che il tuo corpo lo richiede» è il consiglio della ginecologa, se è femmina. «Dormire ogni volta che il tuo corpo lo richiede» è il motto del ginecologo, se è maschio. Il problema è che a volte la signora non lavora come cavia in una clinica del sonno.

L'anonima sequestri Nausea e Spossatezza vi ha portato via la splendida figliola piena di vita che era stata fino a ieri. La restituiranno per affidarla alla tirannia del Pancione che a sua volta la consegnerà al piccolo Bokassa che la terrà al suo servizio per diciott'anni e anche più. Giunti a questo punto lamentarsi è inutile e sbagliato. Al di là delle battute e degli altri disturbi eventuali (bruciori di stomaco, salivazione e sudorazione eccessiva, stiti-

# CICLICITÀ
## *Viaggio al centro della fecondità femminile*

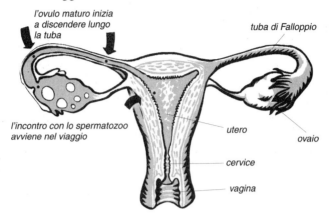

l'ovulo maturo inizia a discendere lungo la tuba

tuba di Falloppio

l'incontro con lo spermatozoo avviene nel viaggio

utero

ovaio

cervice

vagina

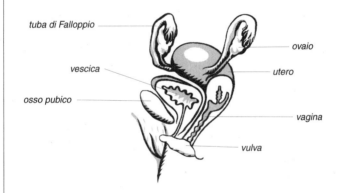

tuba di Falloppio

ovaio

vescica

utero

osso pubico

vagina

vulva

Uno crede di avere davanti una donna e invece quell'ammasso di curve appartiene a un orologio svizzero, più o meno preciso. Dentro la testa delle donne c'è una ghiandola, l'ipotalamo, che stimola un'altra ghiandola, l'ipofisi, attraverso un ormone chiamato GNRH. Nel corpo dei maschi, ipotalamo e ipofisi fanno molto meno casino. Stimolata dal GNRH, l'ipofisi si mette al lavoro e rilascia altri due ormoni, FSH e LH, che incitano le ovaie affinché portino a maturazione un follicolo da cui, dopo più o meno 14 giorni, se ne esce bel bello l'uovo. A questo punto il follicolo si trasforma in una cosa nuova chiamata CORPO LUTEO che continua a nutrire l'uovo fino a quando viene a sapere se è stato fecondato oppure no. Se è stato fecondato entra in scena un altro ormone, la βHCG, che impone al corpo luteo di continuare a portare nutrimento. Se non lo è stato, il corpo luteo interrompe gli aiuti umanitari, e la mucosa dell'utero, che nel frattempo si è formata per accogliere l'uovo, viene eliminata. Le mestruazioni sono questa eliminazione. Alla fine del processo, che dura in tutto 28 giorni, il ciclo ricomincia.

chezza, svenimenti, diarrea, meteorismo – vale a dire, aria nella pancia, vale a dire, peti – emicranie, acne, crampi ai polpacci, mal di schiena, insonnia, vene varicose e varici varie, gengive fragili, sangue dal naso, produzione di ettolitri di pipì – cfr. "Le donne a volte sì sono scontrose, ma forse han voglia di far la pipì", Paolo Conte, *Bartali* – nasi e orecchie tappate), al di là di tutto ciò, si diceva, il quadro non è poi così tragico. Se la donna è intelligente e innamorata e se lo è anche l'uomo, i fastidi di cui si è parlato fino a ora non faranno che rafforzare l'unione. Anche perché volutamente si è taciuto l'unico, fantastico, effetto collaterale positivo dell'intera faccenda: in pochi mesi le poppe crescono a dismisura, diventando dure e soffici come palloni da calcio regolamentari. Tempo tre mesi e la vostra ragazza avrà due zinne da far invidia alla coniglietta del mese, risparmiando i soldi del chirurgo plastico.

# Il padre è incerto

«*Adesso per te conta di più la mamma, è giusto così, ma tra un po' anche io sarò importante.*» *Gli cambiava il pannolino (non è difficile, l'ultimo dei problemi) e quello strillava come un ossesso. La mamma era in bagno. Mentre sussurrava questa frase, si fece strada in lui un sentimento di pena incontrollabile. Più precisamente: si faceva pena nella misura in cui gli faceva pena il bambino. Lo si tenga presente: uno dei sentimenti più forti nei primi giorni, settimane e mesi è il sentimento di pena. Di compassione. Qualcuno ogni tanto lo dice, a mezza voce, ma nessuno lo scrive mai, chissà perché. I neonati fanno pena. Una pena immensa.*

*Non hanno fatto domanda, non hanno compilato moduli, alcuni di loro sicuramente preferivano rimanersene tranquilli nel nulla e non avere fastidi. E invece sono costretti a mettersi a esistere. All'inizio non è grave, sono solo una cellula, ma poi la cellula si frange, si strizza, si ingrossa, e in men che non si dica hanno tutto, occhi, cuore e polmoni e l'acqua buia intorno e poi l'acqua che scivola via e le pareti della caverna che si contraggono e la testa si infila in un buco oscuro, umido e stretto, per uscire a fare che? Tutto senza rendersi conto di niente, che altrimenti sarebbe insopportabile (saggia scelta del Cda, presa dopo aver deciso che tutto avvenisse comunque attraverso il dolore. Non sia mai che ci sia qualche masochista in giro). Siamo così abituati a pensare alla vita come a qualcosa di fragile e di evanescente che non ci si rende conto di che mostro essa sia in realtà. La vita obbliga i neonati che non hanno neppure la forza di alzare la testa a urlare come tenori e a cercare una tetta.*

*Con gli anni si impara a tenerla a bada, la vita, a calibrarne la violenza, a conviverci, ma essere vivi vuol dire avere dentro una forza schifosa. Uno, poi, ha un bel fare l'ironico. Ma l'ironia è solo una vigliaccheria vestita a festa, un modo per tenere a distanza ciò che fa troppa paura. E lui si faceva pena. Per vari motivi: perché aveva detto quella frase, perché aveva detto una frase come quella anche se ormai era un adulto e perché anche di quel bambino sarebbe rimasto, alla fine, soltanto un adulto. Si sentiva spaesato e fuori luogo. Imbranato. Non sapeva bene come prenderlo e pensarlo suo figlio.*

*La frase "Il padre è sempre incerto" non ha nulla a che fare con tradimenti, donne mobili e integrità dell'acido desossiribonucleico. Significa che il padre è sempre divorato dall'incertezza. Che il bimbo sia suo o di un altro è in fondo un dettaglio (anche se nel caso ci si rimane male davvero). Il padre è sempre stato incerto, dai tempi dei patriarchi a oggi. E negli ultimi tempi le cose si sono fatte ancora più difficili. L'uomo che ha figli recita un ruolo che non è stato ancora creato. Deve essere presente, è migliore se assiste al parto e se si informa leggendo libri come questo; però gli si continuano ad attribuire i compiti dei padri di una volta, distanti, laterali ed economici. Con il risultato di soggiornare in una terra di nessuno, un po' uomini, un po' donne, un po' buoni e un po' cattivi, pronti a correre in aiuto nelle mansioni per tradizione più femminili e a tenersi in disparte quando la donna ritiene di potercela fare da sola.*

*Soffriva per tutti questi motivi mischiati insieme, ma anche perché era esausto dopo diciannove giorni e l'endorfina cominciava a calare. Sentiva di essere di più, da quando quel-*

lo era nato, e al contempo era come disarmato di fronte alla fragilità di ciò che esiste. Un bambino si spezza se un colibrì sbatte le ali troppo in fretta. E di colibrì il mondo è infestato. Non sapeva bene dove mettersi a sedere. Gli pareva che tutto lo spazio del mondo fosse stato occupato. Poteva tirarsi indietro, andare sul balcone a fumare e guardare all'interno; aveva la possibilità di godere per alcuni mesi dello spettacolo di sua moglie e di suo figlio che cresceva con lei e attraverso di lei. Solo che appena tentava di farlo tutto scivolava "come in acqua cupa cosa grave", in uno sfondo opaco e indifferenziato. Il neonato in un istante diveniva "un" neonato, un piccolo cumulo di ossa, di sangue e di carne che gli provocava fitte di pena ancor più lancinanti.

I padri non sono mai stati così presenti come oggi e mai come oggi li si rimprovera per la loro assenza. Esiste una letteratura sterminata sulla depressione post parto. Riguarda unicamente le donne. A partorire sono loro, la cosa è risaputa e si tiene, ci sembra, nella giusta considerazione. Esistono anche le difficoltà degli uomini. Soprattutto da quando devono partecipare ai corsi preparto, imparare a cronometrare le contrazioni e mostrarsi entusiasti di cambiare il bambino, tenendosi però, almeno nei primi tempi, un passo indietro rispetto a uno spazio che non è più loro e a un tempo che ancora non è pronto per loro. Non è colpa di nessuno, neppure delle donne (che a volte sono meravigliose), dei tempi che corrono, forse.

In ogni caso il problema esiste, non è gravissimo, comporta alcuni indiscutibili vantaggi (riassumibili nell'idea di qualche aperitivo ogni tanto e del lavoro da continuare) ed è niente rispetto a ciò che deve patire la femmina della specie, però sarebbe bello dirlo e ripeterlo ogni tanto. Senza, per cortesia, usare slogan come "Attenti al mammo" e similari. Il problema è degli uomini e sta a loro conoscerlo e magari parlarne. Le donne difendono solo la categoria.

Lo aveva sollevato tenendolo per le caviglie e gli aveva infilato il pannolino sotto la schiena. Stava per chiuderlo *quando il neonato emise un delizioso getto di urina – fievole, intermittente, tiepido – centrando in pieno il suddetto pannolino. Poteva fregarsene e fingere di non aver visto. Stava per farlo, ma poi gli venne un rimorso. Sollevò di nuovo l'idrante nano, sfilò il pannolino e lo gettò nella spazzatura (il pannolino). Restaurata la coscienza, lo prese in braccio (il bambino) per riportarlo da mammà, pronto per la quattrocentesima poppata della nottata, e quello affondò la testa nel suo petto. Era la cosa più bella del mondo.*

# Psicocazziche

Genealogia di Gesù Cristo, figlio di Davide, figlio di Abramo. Abramo generò Isacco; Isacco generò Giacobbe; Giacobbe generò Giuda e i fratelli di lui; Giuda generò Fares e Zarah da Tamar; Fares generò Esrom; Esrom generò Aram; Aram generò Aminadab; Aminadab generò Naasson; Naasson generò Saalmon; Saalmon generò Booz da Rahab; Booz generò Obed da Rut; Obed generò Iesse; Iesse generò il re Davide. Il re Davide generò Salomone dalla moglie di Uria; Salomone generò Roboamo; Roboamo generò Abia; Abia generò Asaf; Asaf generò Giosafat; Giosafat generò Joram; Joram generò Ozia; Ozia generò Joatam; Joatam generò Achaz; Achaz generò Ezechia; Ezechia generò Manasse; Manasse generò Amos; Amos generò Giosia; Giosia generò Ieconia e i fratelli di lui al tempo della deportazione in Babilonia. Dopo la deportazione in Babilonia, Ieconia generò Salatiel; Salatiel generò Zorobabele; Zorobabele generò Abiud; Abiud generò Eliacim; Eliacim generò Azor; Azor generò Sadoc; Sadoc generò Achim; Achim generò Eliud; Eliud generò Eleazar; Eleazar generò Mattan; Mattan generò Giacobbe e Giacobbe generò Giuseppe, lo sposo di Maria, dalla quale nacque Gesù, detto Cristo.

*Vangelo secondo Matteo*

Il *Vangelo secondo Matteo* che avete appena letto (se avete fatto i furbi, dategli almeno un'occhiata) offre l'alternativa tra due conclusioni complementari:

1) La razza umana è in declino.
2) Matteo la faceva facile.

Tutto ciò senza soffermarsi troppo sulla maestà del finale: "... Mattan generò Giacobbe e Giacobbe generò Giuseppe, lo sposo di Maria, dalla quale nacque Gesù, detto Cristo". Come dire, con l'ambiguità con cui sa essere chiara la Chiesa cattolica, che Giuseppe e tutti i giuseppi della storia in realtà non generano un bel nulla, perché i bimbi se ne escono bel belli da Maria e da tutte le marie che nacquero, nascono e nasceranno.

Come che sia, la bella notizia di essere incinti scatena nei maschi (delle femmine si occupano tutti e qui se ne parlerà il meno possibile) un'esplosione di sentimenti, pensieri ed emozioni. La verità è che le ragazze leggono i giornali femminili e si preparano all'evento fin da piccole, mentre i maschi non tanto. Per questo motivo, emozioni, sentimenti e pensieri maschili faticheranno a trovare parole per essere espressi, statistiche cui appoggiarsi per essere elaborati, altri esseri umani a cui essere comunicati. Se il bimbo è voluto e cercato, la prima reazione sarà, naturalmente, di felicità. Tale raro sentimento può accompagnarsi, però, altrettanto naturalmente, all'impressione che il diavolo vi abbia preso tra le mani il duodeno o vi abbia appoggiato un ippopotamo sulla schiena.

Questo genere di sensazioni, non proprio piacevoli, sono manifestazioni fisiche del senso di responsabilità. Fino a ieri era fantasia, oggi è realtà. La vita è cambiata, la relazione con lei è cambiata. Per sempre. È successo l'irreparabile, che può anche non essere la morte, ma la cosa migliore del mondo. Le femmine ci sono più abituate, ne parlano da quando imparano a parlare, si esercitano perfino con le bambole e quando finalmente rimangono incinte possono chiedere consiglio a madri, sorelle, amiche e cugine; i maschi invece non sanno che pesci pigliare ed è molto raro che i loro padri possano raccontare ai figli maschi qualcosa di utile in proposito.

# EMBRIONI PAZZI
## Se la crescita non rallentasse, a settant'anni peseremmo quanto un pianeta

Le dimensioni reali farebbero impressione: dalla terza alla dodicesima settimana il pupo cresce dalle dimensioni di una pulce a quelle di una susina. Se continuassimo a crescere a questo ritmo, a 70 anni avremmo raggiunto il peso di un pianeta.

| SETTIMANA | 8a | 12a | 16a | 20a | 24a | 28a | 32a | 36a | 40a |
|---|---|---|---|---|---|---|---|---|---|
| LUNGHEZZA | 2,5 cm | 7,5 cm | 25 cm | 25 cm | 33 cm | 37 cm | 40,5 cm | 46 cm | 51 cm |
| PESO | 2 g | 18 g | 135 g | 340 g | 570 g | 900 g | 1600 g | 2500 g | 3400 g |

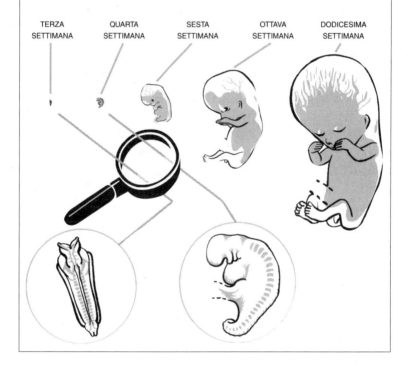

TERZA SETTIMANA    QUARTA SETTIMANA    SESTA SETTIMANA    OTTAVA SETTIMANA    DODICESIMA SETTIMANA

Il senso di responsabilità che stringe lo stomaco e pesa sul cranio, in questo senso, è molto indicativo. Rivela che una delle reazioni maschili più frequenti sposta il problema all'esterno in modo da renderlo meno spaventoso.

Accade così che nei mesi successivi alla rivelazione, molti tendano a pensare a come guadagnare di più, lavorando quindici ore al giorno, mettendo in ciò che fanno l'energia e la forza che gli è difficile incanalare in direzione dell'obbiettivo reale. Un meccanismo psicologico certamente dovuto anche a una incapacità affettiva maschile (che le donne hanno provveduto a sviscerare in migliaia di sedute di autocoscienza), ma anche e soprattutto all'oggettiva incompiutezza storica del ruolo che gli uomini sono oggi chiamati a giocare. Di fronte alla paura di essere inadeguati e alla difficoltà di non sapere bene cosa fare, uno adotta le soluzioni già testate da secoli: la madre alleva la prole, il padre va a cacciare. Non c'è dunque motivo di sentirsi troppo in colpa dell'impegno che si mette nel proprio lavoro, anche se questo non deve diventare una fuga dalla realtà. Per prevenire le critiche dei critici, avvisiamo che anche questo libro è originato dalla medesima reazione.

Non volendo imitare la vaghezza dei giornali femminili o ricorrere ai luoghi comuni delle guide sull'attesa pensate per le donne (cioè tutte), nel delineare i profili psicologici della gravidanza maschile si eviterà di ricorrere alla vecchia arte dell'elenco. Ogni uomo reagisce come gli pare e c'è anche chi scende a prendere le sigarette per non tornare più. Resta il fatto che l'irreparabile è successo. Uno ha passato l'esame di quinta elementare e di terza media, è maturato può darsi con 50/60esimi, qualcun altro si è laureato raccogliendo 110, la lode e il bacio accademico, è andato militare, il primo lavoro, la prima automobile, vado a vivere da solo, vado a vivere con lei e avanti così. Ebbene, sono tutte cose da cui si può tornare indietro. Tutte cose fatte in funzione del futuro, in vista di una crescita e di un progetto o di un tentativo di progetto di vita. Azioni compiute per necessità e a volte per piacere, cioè in funzione del presente. In altre parole: per godere o per sopravvivere. Fare un figlio, no. Fare un figlio è una cosa, l'unica della vita, che viene fatta in funzione del passato. Quando un uomo rimane incinto, be', a quel punto può anche morire. Una donna non può farlo perché è strettamente necessaria alla sopravvivenza del bambino. La notizia della paternità fotografa l'esistenza del maschio, la fissa, rende definitivo tutto ciò che si è realizzato fino a quel momento, in un certo senso lo fa diventare storia.

L'inizio del *Vangelo secondo Matteo* da questo punto di vista è molto istruttivo. Facciamo un attimo i conti: in quella raffica di nomi ci sono trentadue generazioni. Poniamo che un uomo, nato il 25 dicembre dell'anno Zero, abbia un figlio a trent'anni che a sua volta abbia un figlio a trent'anni che a sua volta abbia un figlio a trent'anni e così via fino al 25 dicembre 2000. Per completare la catena sono necessarie soltanto sessantasei generazioni. Spieghiamo meglio: due millenni valgono, al cambio ipotizzato, solo sessantasei eiaculazioni, sessantasei orgasmi maschili e, se va bene, quindici femminili. Cioè a dire: niente. Sessantasei persone in carne e ossa, una in fila all'altra, si bevono duemila anni di storia come si trattasse di un chinotto. Spieghiamo ancora meglio: sessantasei persone sono la miseria di tre partite di pallone, roba tipo Mundialito (11+11=22; 11+11=22; 11+11=22. Risultato: 22+22+22=66). Questo significa che la genealogia di Gesù Cristo, figlio di Davide, figlio di Abramo e così via, raccontata da quel sempliciotto di san Matteo, andava indietro di ben mille anni (estensione poco plausibile in una cultura non scritta), ma soprattutto dimostra che un figlio, anche nostro, del più anonimo caratterista della storia universale alla storia partecipa eccome, cavalca il tempo come un fantino, nuota a rana tra i secoli, zampetta come un grillo tra i millenni. Ecco perché si tratta di un evento irreparabile; ecco perché, come tale, è giusto che faccia paura. Le donne, abbiamo l'impressione, sentono un po' meno la questione. Hanno cose più pratiche e necessarie a cui pensare e soprattutto, ancora oggi, piaccia o non piaccia, la storia è roba da maschi (come calcio e pornografia, peraltro). Hai voluto dare sfogo ai tuoi istinti? Ai più bassi e ai più alti? L'irreparabile è fatto, adesso entri nella storia ed esci dalla giovinezza.

Questa miscela di responsabilità e storia provoca un mutamento del modo di stare al mondo. In materia di stili di guida la metamorfosi è improvvisa: gli automobilisti spericolati fanno di colpo paura e, molto spesso, ci si accorge di guidare l'automobile in modo più sobrio e prudente. Se fino all'annunciazione l'eventualità di morire in un incidente era parsa improbabile, aspettare un erede rende il rischio più reale. Immaginare l'innamorata e il *fetunculo* dibattersi nel mondo senza la protezione di un uomo (o meglio di un uomo che non siate voi), rende più responsabili anche nei confronti di se stessi. È una sensazione composita che da un lato depotenzia («Ma come? Fino a ieri ero Fonzie adesso mi ritrovo Howard Cunningham»); dall'altro gratifica («Pensa un po': fino a ieri se morivo o stavo al mondo era un dettaglio, ora per qualcuno è importante»).

La notizia di essere incinti può sorprendere ovunque. Molte donne, da gatte quali sono, preferiscono gestire la cosa in solitudine, arrivando anche a mentire sulla data delle mestruazioni: in modo da r n allarmare gli uomini prima del tempo, dicono, in modo che il loro vantaggio si affermi da subito, in realtà. In qualunque situazione sorprenda, è preciso dovere del destinatario correre da lei e dall'embrione. Questo ella si aspetta e questo è giusto fare. All'arrivo, domandando un po', si scoprirà che non siete i secondi a saperlo. C'è già un nugolo di madri, nonne e sorelle, il che vuol dire padri, nonni e cognati, informati del fatto. È inutile offendersi perché sono quisquilie e in fondo è giusto così. Più difficile è accettare la consegna del silenzio, spesso imposta d'ufficio per ragioni scaramantiche. Durerà fino ai tre mesi. Si entra in un tunnel chiamato attesa nel quale tutto è più ovattato, nonostante il mondo di fuori (e voi insieme al mondo) andrà avanti come sempre e con la solita fatica. Ma i rumori si faranno più silenziosi, i movimenti come sepolti nell'acqua. Non è brutto, anzi. Anche perché ci sono un sacco di cose da immaginare.

Intanto, c'è da immaginare lui cosa fa, a cosa pensa, come sta. La cosa strana è che si riesce a farlo. Fino a quel momento, pensare alla passata vita uterina significa pen-

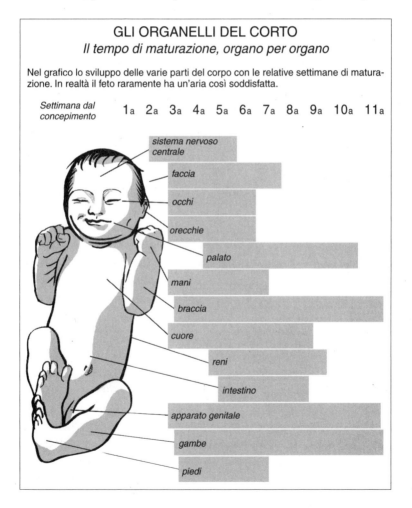

## GLI ORGANELLI DEL CORTO
### Il tempo di maturazione, organo per organo

Nel grafico lo sviluppo delle varie parti del corpo con le relative settimane di maturazione. In realtà il feto raramente ha un'aria così soddisfatta.

Settimana dal concepimento    1a  2a  3a  4a  5a  6a  7a  8a  9a  10a  11a

sistema nervoso centrale

faccia

occhi

orecchie

palato

mani

braccia

cuore

reni

intestino

apparato genitale

gambe

piedi

sare a un grigio o nero che sia. Quando aspettate un figlio (rendiamo noto, lo facciamo solo ora perché siamo tipi distratti, che si è deciso di usare il maschile – "lui", "figlio", "feto", "bambino" – per intendere "infante" sia maschio che femmina; che per correttezza si è anche pensato di adottare i termini "esso", "figl", "fet", "bambin", ovunque occorressero e che, però, il viziaccio della lingua italiana di avere articoli già sessualmente orientati ha reso impraticabile il progetto, dal momento che scrivere "un figl" o "una figl" non avrebbe risolto il problema), può capitare, si diceva, di mettere a fuoco alcuni momenti del proprio sonno o alcune minime vibrazioni del proprio sistema nervoso centrale e accostarle per analogia, ma senza possibilità di errore, alle sensazioni dell'iniziare a esistere. Non dev'essere una discoteca, là dentro. Molto poco di ciò che succede arriva alle soglie della sensazione. E però gli embrioni devono avvertire, di tanto in tanto, nei primi tre mesi, alcuni piccoli frulli, qualche fremituccio improvviso del nulla, impercettibili variazioni di stato del nisba.

Tutto sarebbe più semplice se invece del nero all'inizio trovassimo un bel bianco immacolato. C'è una frase, elaborata probabilmente dai creativi del Cda e di una nota azienda di automobili italiana, che rende ardua ai cattolici, e a quelli vissuti in mezzo ai cattolici, l'impresa di immaginare l'inizio. La frase è "Fiat Lux" (Sia la luce) che precede – squillo di trombe, rullar di tamburi – "E la luce fu". La *Genesi* racconta, cioè, che tutto era buio all'inizio, che il nulla era nero e che il nero era il nulla e che ci pensò Dio, e forse anche Gianni Agnelli, ad accendere una lampadina e che poi lavorarono come bestie sei giorni e sei notti per mettere a posto e alla domenica finalmente riposarono. Succede così che si pensi all'inizio come a un nero in cui qualcuno accenda un fiammifero. C'è un'altra questione che complica il tutto: intuitivamente si pensa che la somma di tutti i colori sia una bella chiazzona nera tipo petrolio. Invece se tutti i colori si mettono a ruotare insieme, esce un bel bianco. Questo significa che se la luce (che è bianca) è l'inizio, in quel raggio di luce c'è tutto di già. Non si tratta allora di addizionare cose e impressioni, ma di dividere e scomporre il tutto nei suoi elementi. Se bianco è l'inizio, nell'embrione, e nella blastocisti perfino, si agiteranno nel sonno già tutte le cose e i pensieri che quel bimbo vivrà. In maniera indistinta come in un sogno. È la stessa intuizione che alcuni provano nei cimiteri. La sensazione precisa e schiacciante di tutte le cose vissute, delle voci ascoltate, delle facce guardate, delle parole dette e di quelle non dette, delle emozioni sepolte dei morti. Dentro una blastocisti, tutto questo dev'esserci. Il sonno delle prime cellule è simile alla morte dei morti.

Esistono questioni più importanti della morte: che sesso avrà, che faccia avrà, che vita avrà, come sarà? Prerequisito di ogni risposta è la scelta di un nome. Il detto "Nomen omen" (Il nome è il destino) non è un'idiozia, come si pensa. Non tanto perché nel nome sia nascosto il futuro di chi lo indossa (il che è un'idiozia), quanto perché senza nome gli esseri umani non sono in grado di appiccicare attributi e caratteristiche, occhi azzurri e naso piatto, vivacità e capacità di ricatto, a un suono in grado di assorbirli. Perfino quel poveretto allevato dalle scimmie ebbe un nome, perfino i due gemelli allattati dalla lupa. Se Tarzan e Romolo e Remo non vi convincono, pensate a cosa sarebbe, senza il suo nome, uno come George W. Bush. Un ragazzone americano ingrigito, dagli occhi ottusi e il sorriso vacuo. Il nome, invece, lo trasforma in un clone del padre, quindi in qualcosa cui il minimo sforzo di una doppiavù ha regalato in avventura quel minimo di differenza che lo rende identificabile e quindi votabile. Lo stesso valga per Piersilvio. In ogni caso, escludendo – mi prendo a esempio – di infliggere al sangue del mio sangue il nome di Giacomo W. Papi o, peggio, quello di Piergiacomo, torniamo al tema della scelta dei nomi tra le persone di buon gusto. L'impressione personale è che se è un'embriona i nomi belli siano migliaia, se si tratta di un embrione siano insignificanti e pochissimi. Scegliere i nomi è divertente, anche perché difficilmente si capisce quanto importante sia quella scelta. Se i nomi che piacciono a lei a voi fanno schifo e viceversa, è un po' meno divertente e si finisce per sceglierne uno che piace poco a entrambi. In questo caso è una mossa astuta puntare su un cavallo segreto. Se il nome che preferite è Luigi, evitate di mostrare entusiasmo. Ripetete distrattamente: «Sì, è carino... Non mi dispiace». Potreste convincerla. La scelta dei nomi è la prova generale della recita dei rapporti di forza tra mamma e papà.

Più interessante sarebbe pensare a che tipo sarà una volta nato, ma è troppo presto, bisogna averlo davanti e la fantasticheria è un'arte sempre più rara. In questo esercizio la scienza moderna è del tutto inutile. La prima ECO-GRAFIA, intorno alla undicesima settimana, evitatela pure. Non darà indicazioni utili a scoprire che tipo è vostro figlio. Un embrione sfocato è solo un puntino: aprite un atlante celeste e guardate la foto di una supernova qualsiasi che è uguale. La seconda (ventesima settimana, centoquaranta giorni, quarto mese andante) invece è una vera figata. Non per quello che vedete (anche se nei movimenti fluidi dell'ombra si possono intuire forme vagamente umanoidi e anche se, quando si degna di tenere aperte le gambe, il ginecologo può capire il sesso del criceto), ma per il rumore del cuore che da sentire la prima volta è davvero un'emozione fortissima e bella. Anche la seconda ecografia, però, non darà indicazioni sulla personalità del bambino. L'illimitata libertà in cui si versa nelle prime settimane di gravidanza rende l'esercizio dell'immaginazione qualcosa di simile a un test psicologico. Se uno è ottimista penserà a Maradona piuttosto che a Che Guevara. Se uno è megalomane a Cristo piuttosto che a Mozart. Se uno è apprensivo, oppure malato (oppure nazista) penserà a Hitler piuttosto che a Pacciani. Ma dopo un po' anche questa occupazione stanca.

Qualcuno si dà alla variazione del "preferiresti che fosse". Preferiresti che fosse bello o buono? Buono o intelligente? Intelligente o allegro? Allegro o bello? Allegro o buono? Intelligente o bello? Preferiresti che fosse bello, buono, intelligente o allegro? Un gioco che riposa sulla vecchia superstizione che all'uomo non sia dato in sorte di pretendere troppo dalla vita. Si tratta, però, di occupazioni che lasciano addosso una certa insoddisfazione. Non si abbandonano mai del tutto, ma ci si pensa in modo distratto. È questo il vero risultato del test: non conta assolutamente nulla chi sarà, l'importante è che sia, che adesso è. E intanto l'Attesa la fa da padrona.

# Pesciolino, 'sta minchia

*Provò con una canzone di un vecchio film in bianco e nero. Si intitolava* Capitani coraggiosi *e ovviamente era tratto da un romanzo di Kipling. Il regista era Victor Fleming (quello di* Via col vento, *mica uno scemo qualsiasi), l'attore principale Spencer Tracy che interpretava la parte del pescatore Manuél. Era così improbabile nel ruolo che la produzione gli aveva imposto una parrucca di riccioli dorati. La storia era questa: Manuél pescava tra i flutti un piccolo odioso miliardario naufragato dallo yacht di papà e piano piano gli insegnava a vivere. Per calmare il moccioso, il pescatore cantava una canzone che aveva composto lui stesso:*

> *Oh oh pesciolino non piangere più. Oh oh pesciolino non pianger mai più...*

*Il padre l'aveva già usata in passato, doveva ammetterlo, per far colpo su una donna, e i risultati erano stati a dir poco strepitosi. Ma sul suo nazistello, che frignava ormai da due ore a un volume che sembrava il buon Syd (inteso come Vicious), non sembrava avere alcuna presa. E sì che ci si era messo d'impegno, inventando le strofe di suo:*

> *Oh oh pesciolino non piangere più. Oh oh pesciolino non pianger mai più... Disse l'orata al nasello laggiù: «Guarda che na-*

*so, un'anemone hai tu». Rispose il nasello offeso di più: «Ora-*
*ta di merda, ma guardati tu…». Oh oh pesciolino non piange-*
*re più. Oh oh pesciolino non pianger mai più. E giunse una*
*cozza coperta di nei. E il cefalo disse: «Da me tu che vuoi?».*

Era ormai all'ottantaseiesima strofa e il nazista piangeva.

*E la balena così scoreggiò che tutte le alici scapparono al Nord…*
*Oh oh pesciolino non piangere più. Oh oh pesciolino non pian-*
*ger mai più.*

Trottava nel corridoio ormai estenuato, la schiena dolente,
e quello piangeva.

*Il pesce palloso parlava da ore, era noioso come venti suore…*

Non c'era niente da fare, avrebbe dato qualsiasi cosa per avere una tetta gonfia di latte con cui frenare il supplizio, ma
la mammelluta dormiva prostrata da un mal di testa bibli-
co. Il suo dovere di uomo, inteso come essere umano, era di
non infliggerle un altro inutile supplizio. Il problema era
che non aveva più pesci, avendo nominato tutti quelli che
conosceva. Un elementare senso di coerenza gli impediva di
passare a quelli d'acqua dolce, il ricordo di un'adolescen-
ziale tessera del Wwf gli vietava di inserire mammiferi, in-
setti e uccelli nel mare. Sarebbero annegati.

Durante l'estenuante ninna nanna aveva passato in rassegna tonni e semitonni, spigole contro cui altri pesci andavano a sbattere, dentici tutti diversi, cernie con la cerniera
abbassata, triglie, biglie e quadriglie, pesci volanti e pesci
clacson, salmoni avvolti in sudarioni, razze bastarde, agu-
glie sopra cattedrali, sarde ("Mi chiamo Gavino e nuotto nel
mar"), pagelli da fare firmare ai genitori, orche assassine e
orche assassinate, vecchie bavose che molestavano plancton,
insomma tutta la scarsa ittiologia che poteva raccattare alle tre di notte di un giorno da cani.

*Oh oh pesciolino non piangere più. Oh oh pesciolino non pian-*
*ger mai più… Perché l'ippocampo ha l'uccello bislungo, da ca-*

*valluccio ma a forma di fungo. Oh oh pesciolino non piangere
più. Oh oh pesciolino non pianger mai più... E piangi, pesciolino di 'sta minchia, piangi.*

Lo sfogo giunse improvviso dopo ore e ore di canto:

> *Tu non sei un pesciolino, sei un giovane inquisitore, bastar-
> do, tu sei la reincarnazione del marchese De Sade, tu devi ave-
> re pietà, perché non hai pietà? Cosa cazzo ti manca, piccolo
> infame? Vuoi il ciuccio? Ecco il ciuccio! Vuoi un film porno?
> Ti faccio vedere un film porno, credi che abbia paura a farti
> vedere un film porno? Sei come er Canaro, ecco chi sei... Non
> farmi arrivare alle maniere forti, non farmi usare l'arma le-
> tale...*

*Il bambino piangeva, fingeva di non capire. Lo provocava.
Il padre ebbe uno scatto e lo gettò sul letto. Poi si gettò a
capofitto a cercare qualcosa in un cesto. La mammelluta intanto si era alzata, disfatta, lo aveva raggiunto e diceva: «Co-
s'hai intenzione di fare, caro? È piccolo...». Disse il padre:
«Non ti azzardare a prenderlo in braccio». E il suo tono non
ammetteva repliche. Il bimbo squittiva e riesplodeva nel suo
pianto gengivale. Il padre riemerse dalla ricerca, trionfan-
te, gli occhi da pazzo, brandendo un libriccino. Poi si sedette
di fianco a suo figlio, mentre la sposa assisteva inorridita e
impotente: «Te la dò io quella troia di Maria Montessori».
Iniziò a leggere:*

> *Tutte le storie hanno una loro musica. Questa ha una musica
> bianca. È importante dirlo perché la musica bianca è una mu-
> sica strana, a volte ti sconcerta: si suona piano, e si balla ada-
> gio. Quando la suonano bene è come sentir suonare il silenzio,
> e quelli che la ballano da Dio li guardi e sembrano immobili.
> È una cosa maledettamente difficile, la musica bianca. Molto
> altro da aggiungere non c'è.*

*Tempo qualche riga il bambino russava. Depose il libricci-
no dalla prosa lievemente baricca e tirò un sospiro di sollievo, guardò la donna, ma i suoi occhi erano ancora iniet-*

*tati di sangue. Raccolse dal comodino un tappo di sughero e accese l'accendino. «Cosa fai, amore? Sta dormendo adesso. Vuoi dargli fuoco? Lo sveglierai.» «Taci, donna.» Il sughero era un tizzone, ci soffiò sopra per farlo raffreddare e attese. Poi si chinò sul figlio e lentamente, con infinita tenerezza, gli disegnò sotto al nasino due baffetti da piccolo dittatore.*

# Dai tre ai sei mesi

# TUTTO IL FETO MINUTO PER MINUTO
## dai 3 ai 6 mesi (settimane 14a-27a)

*Continua da pagina 34*

QUATTORDICESIMA SETTIMANA. Ha iniziato a fare due cose che farà per tutto il resto della sua esistenza. La terza verrà abbandonata, a meno che non diventi un fanatico dell'urinoterapia. Egli (ella) beve (liquido amniotico), fa pipì e poi beve di nuovo. Si diverte un sacco.

QUINDICESIMA SETTIMANA. Il divertimento continua: ora può contare su un'altra novità straordinaria: i peli (veri, già pigmentati, ma sottili) gli affollano con delicatezza archi sopracciliari e craniolino.

SEDICESIMA SETTIMANA. Il tempo è passato. E quello si è fatto umano. D'ora in poi sarà solo questione di dettagli. Pesa ormai quasi 140 grammi ed è altissimo (16 centimetri). In più ha le unghie.

DICIASSETTESIMA SETTIMANA. Dorme (16 ore su 24). Singhiozza. Si muove. Ascolta.

DICIOTTESIMA SETTIMANA. Scalcia il bastardello. Da oggi non è più un embrione. C'è motivo di festeggiare. Lei dice di sentirlo, ma non ancora nitidamente. Probabile che voi dobbiate pazientare.

DICIANNOVESIMA SETTIMANA. Si muove il pirata. E poi succhia come una zanzara soprattutto il dito se si rende conto di possederne ben dieci. È alto 20 centimetri.

VENTESIMA SETTIMANA. Fate i vostri calcoli e disdite tutti gli impegni. La seconda ecografia cade in questa settimana, più o meno. Ed è imperdibile. Visivamente si tratta di movenze umanoidi nell'acqua. Uditivamente c'è il cuore che rimbomba velocissimo. Ed è bello da sentire. Il ginecologo può capire il sesso. Lui fa cose come agitarsi e si ricopre di una pastella bianca, nota come vernice caseosa, in compagnia della quale spesso nascerà.

VENTUNESIMA SETTIMANA. Ha messo in cassaforte altri 5 centimetri e pesa ben di più di 3 etti. A chiamarlo feto potrebbe anche offendersi.

VENTIDUESIMA SETTIMANA. Ormai lei lo sente, anche se è alla prima gravidanza. Se invece ha già avuto bambini, gli avvistamenti si presentano prima. Parla di "farfalle nella pancia". Gli uomini portino pazienza. Ma stiano all'erta. La data del primo incontro è imminente.

VENTITREESIMA SETTIMANA. Alcuni assicurano che ad appoggiare l'orecchio sul pancione (ormai è un pancione) si possa sentire il cuore che batte, là in fondo, nell'acqua. Ma bisogna avere orecchie grandi e sensibili e, forse, un po' di immaginazione. Quello che è certo è che sente lui. E che risponde agli stimoli sonori, ma non solo sonori, che giungono dall'esterno.

VENTIQUATTRESIMA SETTIMANA. Può essere schedato. Soprattutto se è extracomunitario. Le impronte digitali sono già formate.

VENTICINQUESIMA SETTIMANA. State all'erta. Quando lei dorme, allungate la zampa sul suo ventre e aspettate. Da laggiù qualcuno potrebbe battere un colpo. Se lo fa, sappiate che è alto 30 centimetri e pesa mezz'etto.

VENTISEIESIMA SETTIMANA. Da questo momento è "vitale". Significa che se avesse la cattiva idea di nascere avrebbe buone probabilità di sopravvivere. Gli manca soltanto il surfattante polmonare, una sostanza che permette la respirazione. Ma che spesso non è un problema invalicabile.

VENTISETTESIMA SETTIMANA. È arrivato un altro bastimento carico di dolori per lei. Soprattutto ai polpacci. Anche se di solito in questo periodo la ragazza è piena di buonumore e di energia. Forse sa, in modo oscuro, che il rapporto con quello che porta nel ventre è già consolidato. Ogni volta che mamma parla, perfino se dice cose poco sensate, il battito del cuore del piccolo accelera. Ma forse è perché gli mette ansia.

*Continua a pagina 118*

# Ma quanto mi costi (e altre questioni)

Mangiafoco chiamò in disparte Pinocchio e
gli domandò:
«Come si chiama tuo padre?».
«Geppetto.»
«E che mestiere fa?»
«Il povero.»

CARLO COLLODI
*Le avventure di Pinocchio*

Da un punto di vista tecnico dal terzo al sesto mese di gravidanza succede poco o nulla. L'opossum è impegnato più che altro a umanizzarsi. È tutto preso da dettagli del tipo: sistemarsi i lineamenti facciali, sviluppare i genitali, irrobustire lo scheletro, sviluppare gli organi interni. Gli appassionati di effetti speciali sappiano anche che compie piccoli miracoli: si succhia il pollice (ma un'ecografia del feto di Gabriele D'Annunzio lo mostra impegnato in pratiche di autofellatio), trangugia ettolitri di liquido amniotico (ma un'ecografia del feto di Ernest Hemingway lo mostra mentre chiede un altro cocktail Martini), la pelle si ricopre di lanugine (ma un'ecografia del feto di Elton John lo mostra mentre si pettina il parrucchino) e, soprattutto, si ricopre della famosa vernice caseosa, una specie di crema solare a protezione 150 derivata dal latte con la quale non di rado verrà al mondo.

Oltre alle succitate, le attività preferite del piccolo dittatore riguardano la respirazione (al posto dell'aria inspira ed espira liquido amniotico, contento lui), la defecazione (stomaco e intestino iniziano a secernere ciò che darà forma al MECONIO, che non è un fiume del Vietnam, ma il nome delle prime feci, contenti voi), la crescita dei capelli (se ne avrà) e lo sviluppo delle impronte digitali (un em-

71

brione di quattro mesi può già essere schedato), il sonno (18 ore al giorno al sesto mese), il singhiozzo e il movimento. Per quanto riguarda la lunghezza: alla fine del terzo mese è lungo 16 centimetri (valga ancora il vostro fedele compagno di battaglia come termine di comparazione) e pesa 200 grammi («Due etti di crudo, per favore, signor salumiere»). Al termine del quarto mese, misurerà 25 centimetri (e solo in pochi potranno fare paragoni) e peserà 400 grammi (quasi come una confezione di spaghetti). Alla fine del quinto arriviamo a 30 centimetri (cioè come una bottiglia di acqua minerale e tutto il talento di John Holmes) e peserà quasi un chilo (due confezioni di spaghetti da 500 grammi, una da un chilo). Ultimo dettaglio: a sei mesi la creatura inghiotte quasi 4 litri di liquido amniotico al giorno, il cui valore nutritivo equivale a 100 grammi (un decilitro) di latte. Ma tutto questo avviene dentro la signora, e voi ne siete più o meno esclusi.

All'esterno non avviene molto, anche se la presenza di un altro, che poi incidentalmente è un figlio, inizia a manifestarsi non soltanto attraverso i dolori e le nausee e le voglie di lei che sono trascorse, ma anche visivamente, in qualche cosa di concreto, cioè in una pancia che inizia ad arrotondarsi e a crescere, a lievitare. Verrà osservata e scrutata quotidianamente, eppure un giorno, prendendo tutti di sorpresa, assomiglierà finalmente a un pancione. Avranno un bel dire parenti, conoscenti e Re Magi di passaggio: «Non hai una pancia tanto grande». Non sarete toccati da tanta superficialità. Voi che avete seguito la faccenda dall'inizio sapete che quella pancia è grande e tonda perché dentro c'è un bambino. E tanto basti. Sapete che quella pancia non è più una pancia, è un pancione.

Appartiene al secondo trimestre, cioè, quel festival della rotondità su cui ogni maschio dovrebbe fermarsi a riflettere. C'è qualcosa negli oggetti di forma sferica che è legato a zone ancestrali del nostro rapporto con il mondo. Per questo motivo, i giochi con la palla, e il calcio in particolare, esercitano il fascino che esercitano sui maschi. La pancia sua di lei tende a diventare sfera. Non lo diventa mai del tutto perché c'è il corpo di una donna (ma se fosse quello di un uomo sarebbe anche peggio) a trattenerla, eppure nessuno può negare che, se si staccasse e prendesse a svolazzare in giro, si trasformerebbe subito in un magnifico pallone di cuoio. La *Madonna dell'uovo* di Piero della Francesca è una menzogna: la pancia non tende all'uovo di gallina (con tutto il rispetto per la gallina), ma alla sfera.

In quella sfera incompleta, a partire dal quarto mese, Colei inizierà ad avvertire movimenti. Gli uomini no. Gli uomini se li faranno descrivere e le donne sovente li accontenteranno cianciando di "farfalline". Le più prosaiche parleranno di "aria nella pancia". Dev'essere una cosa come sentire qualcuno che sbatte le ali in qualche zo-

---

## LA FASCINAZIONE DELLA SFERA
*Della rotondità femminile e dell'amore maschile per il calcio*

Le donne non subiscono la convessa fascinazione della sfera. Perché hanno pancia, tette, fianchi e culo rotondi. Hanno già in sé la convessità e non la cercano altrove. Gli uomini possiedono tutt'al più la pancetta che dell'essere in quanto tale è una caricatura da avanspettacolo. Se esiste un oggetto in natura la cui perfezione è lampante, è la sfera. La sfera è inattaccabile, perché non ha lati, né spigoli. Sferici sono i pianeti e le cellule, sferico è il pallone. Eppure la sfera, forma perfetta, è esposta più dei cubi, degli esaedri e dei prismi ai capricci del caso. La sfera rimbalza o fluttua e i suoi balzi e le sue fluttuazioni sono del tutto imprevedibili. Succede così che la vera poesia del gioco del calcio (ma di ogni altro gioco fondato sulla palla) risieda proprio in questa dialettica maestosa tra caso e necessità, tra il disordine dell'avvenire e l'ordine del determinare. Nel gioco del pallone, l'Umanità tenta di imporre un ordine al caos attraverso il caso, simbolizzato dal pallone, la forma perfetta e volubile per antonomasia. Non si tratta di ventidue cretini in mutande che rincorrono un pallone, non si tratta di un simbolo sessuale (le porte sono vagine che il pallone feconda), come va sostenendo qualche antropologo da 2+2, e neppure della continuazione della guerra con altri mezzi. Si tratta del cammino della Civiltà, né più, né meno, dello sforzo eroico dell'animale Uomo di governare lo spazio attraverso il tempo e il tempo attraverso lo spazio. Di disporre della propria vita invece che farsi trascinare da essa, di dotare gli eventi di un senso, di un prima e di un dopo, di una serie di se («colpisco con l'effetto a rientrare») e di una sfilza di allora («allora il pallone aggirerà il difensore insaccandosi nel sette»). Il fatto poi che tutto venga fatto con i piedi, cioè con la parte del corpo più vicina alla terra, rende il calcio più eroico degli altri sport. Detto questo, non ci si rompano le palle alla domenica, al mercoledì e pure al sabato. Allo stadio noi si fa cultura.

na, lontana e remota, dell'intestino crasso. Oppure come un gigante leggerissimo che apra e chiuda gli occhi nel bel mezzo dello stomaco, solleticandolo con le ciglia. Una cosa così, per niente spettacolare, ma comunque rimarchevole. Il solletico senza solletico, il prurito senza prurito, la presenza appena accennata che in effetti è. Ci si metta una pietra sopra che è meglio. Questa, come cento altre sensazioni, è fuori di portata. La sola cosa concreta che un uomo ha davanti, dai tre ai sei mesi di gravidanza, è una pancia che cresce. E allora è meglio impiegare questi novanta giorni per pensare a questioni pratiche. Tipo: la mia macchina è adatta al nuovo nato? Ha cinque porte? Ci starà la carrozzina? O ancora: stasera e nelle sere dei prossimi tre anni cucinerò mai la pasta con le sarde? In che piatti dovrò specializzarmi? E infine: quanto costa avere un figlio?

È difficile scegliere quale argomento affrontare per primo. Se l'automobile, la pasta con le sarde o il vile denaro. È difficile perché la logica imporrebbe di partire dalle esigenze più elementari per spingersi, poi, ad affrontare quelle più serie. Il fatto è che l'ultima questione (il costo di un figlio) assorbe alla fine ogni altra, ne rappresenta il naturale coronamento. E poiché è disonesto trastullarsi con dettagli secondari, liquideremo in fretta automobili e fornelli, non pretendendo di pronunciare in materia parole definitive.

L'automobile può essere un problema. L'immagine proverbiale del padre sudato che cerca di infilare un coccodrillo gonfiabile nel bagagliaio, dopo avere sistemato dodici valigie, un triciclo e due biciclette sul portapacchi, non è un'invenzione dei fumetti americani degli anni cinquanta. Va a finire così, è bene lo si sappia da subito. C'è la soluzione Bruno Cortona, e non è da buttar via. Bruno Cortona – *bodibodibodi* – è l'indimenticabile personaggio interpretato da Vittorio Gassman nel film *Il sorpasso* di Dino Risi. Nonostante abbia una figlia – una

Catherine Spaak sedicenne da leccarsi i baffi – Bruno non ha rinunciato alla spider e scorrazza per le località balneari italiane senza manifestare particolari sensi di colpa. Ma Bruno Cortona si nasce, non si diventa. Tutti gli altri, tutti i ragionieri stempiati che siamo sotto la vernice del *savoir vivre*, devono rassegnarsi all'idea che l'automobile, nel momento stesso in cui si ha un figlio, diventa del figlio. Il discorso è molto semplice e brutale. Avete una macchina a tre porte? Non volete rinunciare alla spider? Liberissimi, potete farlo, ma se non siete come Bruno Cortona, saranno soltanto problemi vostri. Provate a infilare un coccodrillo gonfiabile, dodicimila pelouche, sedici valigie, due borse termiche, quattro palloni, un criceto in gabbia e vostro figlio che ha fame dentro una Porsche o un Duetto. Per farci stare tutto ci vorrebbe un frullatore o una motosega. Da tutto questo si evince che se non siete fortunati e miliardari, dovete cambiare macchina (station wagon, cinque porte e climatizzatore perfetto ché se no patisce il caldo, ché se no patisce il vento). E si faccia il favore di non tenere la moto in garage, ma di venderla. Novanta su cento ammuffirà come il più triste dei feticci. E se ne starà lì, in disparte, un po' intristita a mettere in scena la prigionia familiare. Assistere allo spettacolo del proprio arrugginimento è soltanto un inutile, patetico accanimento.

Per molti uomini, anche la questione "pasta con le sarde" può essere fonte di traumi. Anch'essi di origine storica e sociale. Negli ultimi vent'anni i maschi hanno dovuto imparare a cucinare, solo che, giusto per mantenere quel minimo di orgoglio, lo fanno pesare. Noi non si cucina per nutrire, noi lo si fa per fare degustare. Un raccogliticcio esercito di chef ha così iniziato a frequentare salumieri e ortolani, rosticceri e supermarket, a imbrattare pentole e tegami, nella vana illusione di razziare i tagli i più pregiati, i meloni i più maturi, gli attrezzi i più design e i vini i più *barrique*, che invece fatalmente continuano a essere tenuti via per signore sessantenni sovrappeso, ma esperte. Ciascuno si è specializzato in una mezza dozzina di ricette (riso pilaf con gamberoni, faraona con patatine al forno, spaghetti alla carbonara, Sachertorte) scelte in base a un solo criterio: stordire, ed eventualmente procacciarsi, una femmina. Carriera finita, cuochi da strapazzo.

Non si rida: la questione è seria. Dal concepimento in poi le esibizioni virili tra i fornelli devono prefiggersi un unico scopo. Uno scopo che solo a pronunciare la parola sale su una tristezza... La consegna assoluta, l'imperativo morale è: "digeribilità". Patate lesse, quindi, riso in bianco se mai, pastina può darsi, e semolino... Tutte pietanze di cui quasi sempre vanno ghiotte le donne, solo che prima di avere la certezza del possesso del fuco non lo dicono. Prima di aver conquistato la preda (cioè il fecondatore), questi gusti restano segreti. Solo a giochi fatti, con la scusa delle nausee e poi del piccolo, spesso emergono nella loro lampante, bulgara drammaticità. Succede così che al maschio resti solo la via di pantofolare. «Tu mi hai ingannato e anch'io ti inganno: non mi frega di cucinare, l'ho fatto solo per sdraiarti, ora che sei caduta nella trappola, fatti la tua pastina.» Una scelta legittima e comoda. Il rischio è di mangiare pastina per anni.

Un'altra strada è fregarsene e provare a infliggere alla signora anatre laccate e trote alle mandorle come se niente fosse. Va detto che, di rado, nascono femmine a cui piace mangiare e bere, perfino, e allora va bene. Se non è così, e raramente lo è, si precipita in una commedia autistica. La commedia di uno che cucina per sé, mangia tutto freddo e poi si applaude piangendo. La soluzione migliore è temporeggiare. Imparare, in attesa di tempi migliori, una serie di pietanze leggere e saporite che siano sufficienti a soddisfare il proprio amor proprio, ma abbastanza appetitose da mettere al riparo da rilievi e rigurgiti. È una capitolazione, certamente, ma fatti i conti conviene. Anche perché tempi migliori, prima o poi, arriveranno. Ognuno farà a modo suo, giusto così; ci si permetta però di offrire *en passant* una ricetta di esempio e di consiglio: il pesce al sale è inattaccabile, leggero come un cross di Careca, gustoso come un assist di Zico, digeribile come una sconfitta in precampionato. Si tratta di procurarsi un pesce fresco (orata, branzino, pagaro, pagello), due chili di sale grosso e una teglia tanto capace da contenerli. Versare il sale in modo da dare forma a un letto abbondante, distendere il pesce e ricoprirlo con altro sale, tanto da renderlo invisibile. Infilare tutto nel forno a centottanta gradi e attendere circa mezz'ora. Togliere la teglia, buttare via il sale, pulire e servire con un filo d'olio. Ovvio che tutto questo costi fatica. Soldi, tempo, pensieri. Però si mangia bene.

Comprare la macchina nuova è una bella menata, specialmente se bisogna tener conto di uno alto cinquanta centimetri che urla come un invasato. Cucinare facendo i conti su grassi e calorie è un supplizio. E poi ci sono i soldi che quando nasce un bambino si trasformano in farfalle e volano via. Prima di affrontare il capitolo costi (tenteremo di quantificare il prezzo di un figlio dal concepimento all'anno di vita al netto dell'Iva), prima di lanciarci in questa avventura, vogliamo ricordare che le giocose attività sopra descritte richiedono tempo e che il tempo non si trova sugli alberi. Per questo alla fin fine tutto (auto, moto, riso pilaf) è riconducibile al problema dei costi. La frase "il tempo è denaro" rese celebre Benjamin Franklin, ma uno che è passato alla storia per aver inventato i parafulmini, sicuro che è uno che ha paura. E uno che ha paura, sicuro che ha ragione.

Quando si rimane incinti avvengono fatti strani che con il tempo e con il denaro hanno davvero molto a che fare. Si è avvicinati, per esempio, da insospettabili e gentili persone che vi propongono epiche spedizioni a Pero (Milano) per acquistare i pannolini a prezzo di fabbrica.

Quindici ore di viaggio per un risparmio che vale la benzina e lascia fuori il tempo. La verità è che sono i pannolini la vera iattura, la tassa cui non è possibile sottrarsi, a dimostrazione del fatto che la società occidentesca (perché non si dice, occidentesca, che è così una bella parola?) è fondata sui rifiuti. E quella cosa preziosa, innocente, idealizzabile che è un neonato, di cacca ne produce a tonnellate. Nei primi anni di vita, fino all'avvento del Re Vasino e successivamente al regno di sua Eminenza "Mamma, ho finito", una delle maggiori voci di costo è rappresentata dal modo di archiviare la cacca di quella fogna a cielo aperto che è vostro figlio. Una confezione di pannolini di marca da 36 pezzi (quelli non di marca a detta di molti si sfaldano tra le dita) costa fino a 12 euro. Se si calcola che nel giro di 24 ore, la discarica va cambiata, tra cacca e pipì, circa sei volte, questo significa che in un anno, 365 giorni, se ne andranno in merda più di 500 euro non detraibili, vale a dire quasi un mese di stipendio di una persona che si prenda cura del bambino. Un'altra caratteristica dei pannolini è che sono sempre troppo pochi. Si finisce per infilarli nel carrello della spesa in ogni occasione, comprandone anche più del necessario. Alcuni ci si affezionano, perfino. Riflettere sul fatto che i pannolini svolgono, per il maschio moderno, il ruolo di un sostituto della caccia è un po' deprimente.

Si è detto: circa 500 euro annui, e così sia. È il caso di spendere una parola sul cambiarli questi benedetti pannolini. È facile, ci si tranquillizzi, e non è neanche male. Si tratta forse dell'unica situazione in cui oggi un padre possa sentirsi utile, almeno nei primi mesi. Si impara presto, spiando la mamma, a sollevare tra pollice e indice l'elastico per sbirciare il frutto del suo essere al mondo. Di poi, se il frutto c'è, occorrerà afferrare il bimbo con mano sicura sotto il petto e trasportarlo come fosse un gatto, un piatto, un fagianotto, verso il lavandino. Con abile mossa, si sganceranno i due miracolosi feltrini che tengono insieme il tutto, si afferrerà il pannolino tirandolo verso il basso in modo da farlo strisciare ben bene tra le natiche così da trascinare nella sua corsa quanta più cacca possibile. Estratto il fagotto, lo si getterà appena accartocciato in un cesto e con la stessa mano si aprirà il rubinetto dell'acqua calda che non deve essere calda, né fredda, altrimenti urlerà, ma tiepida appena. Prima, chi lo desideri, può togliere il grosso con le salviettine di carta umidiccia presenti in commercio. Si passino le dita sotto il getto e quando la temperatura dell'acqua sarà identica a quella delle dita, si potrà procedere. Usare un normale sapone è un peccato mortale. Un Ph (vale per grado di acidità) superiore a tre assicura al cagone arrossamenti perianali e pianti notturni. Una volta deterso, il bimbo viene adagiato sul fasciatoio a pancia in su. Le operazioni di asciugatura vanno eseguite tamponando, mai sfregando. Non resta che acchiappare il pannolino e aprirlo in modo che la parte disegnata rimanga davanti. A questo punto si sollevi il lemure per le caviglie e con l'altra mano gli si infili sotto il pannolino. È quasi finita: sulla parte posteriore ci sono due alette adesive che vanno tirate e fatte aderire sulla parte anteriore, curandosi che il tutto circondi il corpicino in un abbraccio non fiacco, ma neppure violento.

Per chi è abituato soltanto ai "consigli per gli acquisti", l'incontro con la cacca può essere difficile. Nelle pubblicità dei pannolini ogni secrezione è *bluette* e uno si domanda perché. Se mai capitasse a qualcuno di orinare *bluette* o peggio di mestruare *bluette*, correrebbe terrorizzato dal medico. E invece, nel mondo che i pubblicitari hanno stabilito per gli altri, si secerne allegramente in azzurro. I colori non sono poi molti. E il rosso è del sangue e il giallo e il marron sono didascalici, il nero è la morte e il bianco invisibile e il verde è la decomposizione e il grigio fa triste. Resta solo il colore che i tipografi chiamano "ciano" e avviene così che nel meraviglioso mondo dei desideri a portata di mano si caghi cianotico. La realtà, invece, ha questi colori: nei primissimi giorni la cacca è nera, poi verdastra. Dopo poco oscilla tra l'arancione e il giallastro che a volte sembra espulsa da un evidenziatore. Dalle pappe in avanti diventa marrone e per consistenza simile al pongo. (Si tratta di regole che ovviamente in certa misura possono variare.) A volte è incrostata e bisogna grattarla via, altre si è espansa conquistando i testicoli nelle cui pieghe si annida, oppure le labbra, piccolissime e grandicelle, tra le cui pieghe ripara. Spesso l'operazione avviene davanti a uno specchio, circostanza che consente di osservarsi nelle vesti di padre e a lui di alzare la testa e guardare la propria immagine doppia, il che è molto bello a vedersi perché esprime uno dei primi sguardi ancora inconsapevoli verso se stesso. Altra cosa bella è che di solito, mentre viene cambiato, non piange. Il vecchio porco, ammaestrato alla scuola del dottor Freud, ama alternare la fase orale del succhiamento a quella anale della detersione. Se la mano è ferma e sicura, se l'acqua è esattamente a 36,5/36,7 gradi centigradi, il putto non ha che da godersela ben sapendo che l'igiene intima prelude quasi sempre a un'altra, grandiosa, abbuffata.

Si è parlato di cacca. Ovvio che la sua produzione dipenda dal latte ingurgitato. E qui può aprirsi un'altra voce di costo imponente. Se il bambino viene allattato al seno, si risparmia moltissimo, a volte anche in medicine. Il latte della madre contiene infatti enzimi che nei primi mesi di vita proteggono l'infante da un mucchio di malanni. Se questo non è possibile per cause fisiologiche o lavorative, bisogna tenere conto che il latte artificiale costa una fortuna, soprattutto in Italia: 5 euro al giorno, 150 euro al mese. Si tratta di bustine da allungare nell'acqua bollente e raffreddare poi in frigo e riscaldare di nuovo a bagnomaria nel leggendario biberon (una delle parole più belle e azzeccate della storia dei bipedi implumi). Oppure di cartoni di latte già liquido. Dipende. A partire dai cinque, sei mesi si passa alle pappe e il consumo di latte diminuisce. Solo che di pappe si spendono dai 5 ai 10 euro al giorno. Significa che per nutrirsi, un gerbillo che non si attacca al seno può arrivare a costare fino a 2700 euro. Aggiunti ai pannolini fanno la bellezza di 3430 euro. L'unico vantaggio, niente affatto disprezzabile, del latte artificiale è che riempie di più e quindi dirada le poppate, ciò che vuol dire più sonno. La fregatura è che se la poppata è via biberon non c'è più una sola ragione al mondo per cui ad alzarsi sia la madre. Riassumendo: chi ingravida una donna da latte spende 730 euro all'anno di pannolotti e 1800 di pappe; chi ne ingravida una senza latte deve metterne in conto, tra latte e pannolini, circa 3500. Quelli le cui signore alterneranno il piacere della poppata alla libidine del bibe, accendano la calcolatrice e si rivolgano altrove.

Perché bisognerà pure coprirlo e farlo dormire, questo benedetto bambino. Il primo anno, per vestirlo bisogna staccare un assegno di almeno 2500 euro. Per fortuna, in questo campo intervengono spesso le nonne, le sorelle, le amiche, le zie, le cognate, i cugini cresciuti, i corredini ammuffiti del nonno, i lenzuolini lisi delle prozie e i giustacuore infeltriti dei figli dei colleghi. Insomma: addobbare il nuovo nato finisce, nella maggior parte dei casi, per non pesare più di tanto sul bilancio familiare. È una fortuna, anche se talvolta ci si sorprende a guardare le vetrine dei negozi di vestiti per bambini pervasi da raffiche di "vorrei ma non posso".

Tutto questo senza contare il parto. Se si accetta il trattamento *basic* (stanza con altre, ginecologo/a, ostetrico/a, anestesista/a non scelti) in Italia, per ora, non costa nulla, per quel minimo di senso della giustizia che latita su altri meridiani e paralleli. Se appena però si aggiungono gli optional, e se non avete assicurazioni private o professionali, il preventivo lievita a valanga come qualsiasi altro preventivo. A volere fare le cose in grande: a Milano tre giorni in una stanza con due letti, uno per la par-

# CARA, MA COM'È CARO
## La tabella dei costi del neonato, voce per voce

Dettaglio negativo: la tabella qui sotto non tiene conto di quisquilie come asili nido, baby sitter, visite mediche, bilance e tiralatte. Dettaglio positivo: molto di quello di cui c'è bisogno spesso viene regalato o prestato da amici e parenti.

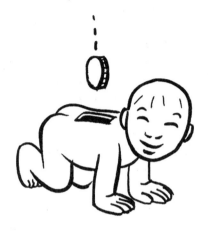

|  | Economico | Medio | Lusso |
|---|---|---|---|
| Culla | 70,00 | 200,00 | 350,00 |
| Lettino | 180,00 | 300,00 | 700,00 |
| Lenzuola, paracolpi, cuscini, materassi | 400,00 | 600,00 | 800,00 |
| Carrozzina | 180,00 | 280,00 | 500,00 |
| Passeggino | 75,00 | 170,00 | 350,00 |
| Seggiolino da tavolo | 30,00 | 40,00 | 50,00 |
| Seggiolone | 90,00 | 170,00 | 300,00 |
| Seggiolino per auto | 90,00 | 140,00 | 180,00 |
| Fasciatoio | 50,00 | 150,00 | 300,00 |
| Bagnetto | 20,00 | 40,00 | 60,00 |
| Pannolini (1 anno) | 400,00 | 500,00 | 750,00 |
| Latte + pappe (1 anno) | 1.400,00 | 2.000,00 | 2.700,00 |
| Biberon | 20,00 | 30,00 | 50,00 |
| Scaldabiberon | 20,00 | 35,00 | 50,00 |
| Sterilizzatore | 15,00 | 40,00 | 60,00 |
| Box | 50,00 | 100,00 | 150,00 |
| Vestiti | 500,00 | 1.000,00 | 2.000,00 |
| Varie ed eventuali | 300,00 | 600,00 | 1.000,00 |
| TOTALE | 3.890,00 | 6.395,00 | 10.350,00 |

toriente, uno per il partoriente, con ostetrica, ginecologa e anestesista a disposizione, costano 12mila euro, come un'automobile media.

Fino a qui, l'indispensabile (per nascere, mangiare, digerire e coprirsi), poi c'è il necessario. Cose di cui, prima di avere un figlio, non si sapeva quasi che esistessero. Roba tipo carrozzine, culle, creme, shampini, marsupi, armadietti, fasciatoi, passeggini, seggiole da automobile, bagnetti, baby sitter, tiralatte, aerosol, asili nido, box e carillon. Un elenco esaustivo è impossibile. Avere un bambino costa – in Italia, nord del mondo – in modo indicativo tra i 5mila e i 10mila euro annui, escluso il parto, ma senza fargli mancare niente. Un costo a cui contribuiscono in parte amici e parenti, ma abbastanza alto per chiunque. Tranne forse che per Rockerduck, il quale per parte sua ha avuto l'accortezza di non fare figli. Si può anche risparmiare, è vero, ma farlo con un figlio è più difficile, molto più difficile che provarci in un supermarket.

# Figliolo, un giorno tutto questo sarà tuo

*Erano seduti l'uno di fianco all'altro a guardare il tramonto. Era la prima volta che accadeva, ma tutto era la prima volta in quei giorni. L'adulto sedeva su una poltrona di vimini e fumava. Il bambino dormiva nella carrozzina e il fumo gli girava intorno. Il tramonto andava in scena per entrambi. Papà spostò la carrozzina a sinistra e la sua sedia a destra in modo tale da non depositare, complice il vento, nicotina e catrame sulle frogie del pupo. Davanti ai loro occhi dava spettacolo un panorama a perdita d'occhio: colline blu, cielo blu, nubi di fuoco. Era una situazione del tipo: «Guarda, figliolo, un giorno tutto questo sarà tuo». Il sole se ne andava giù con l'indolenza di un tuorlo d'uovo, nubi, nembi e cirri michelangioleggiavano senza ritegno in rosso, giallo e arancione; sulla sinistra gli esausti girasoli di un campo che pareva sterminato torcevano la corolla verso il sole occiduo. La scia di un aereo bighellonava nel cielo. Incrociava da nordest a sudovest come avrebbe fatto una rondine. Il cielo era azzurro e a dirlo così sembra banale, ma immaginatevi l'azzurro che avete in testa di notte quando sognate o di giorno se tenete gli occhi ben chiusi. Ecco: era un azzzzzzzzzzzzzzzurrrrrrrrrro così, pieno di zeta e di erre che a pronunciarlo veniva un po' male anche ai denti. Un secondo aeroplano incrociò la scia luminosa del primo a disegna-*

*re una X e un terzo spuntò dal nulla incrociando la X pro-prio nel punto in cui le due scie si baciavano. Su quel cielo azzurro pieno di zeta, tre aeroplani andando chissadovemai vergarono un bell'asterisco. Il bambino dormiva, il padre fumava e il tramonto ci dava dentro allo spasimo. C'era an-che il vento e non fosse stato per quello, si poteva restare lì anche tutta la vita, a guardare lontano. Con il sole grandis-simo e arancio e due querce a fare da pali. Invece quel ram-mollito avrebbe potuto aver freddo.*

*L'uomo si alzò e trascinò la carrozzina dentro casa, an-cora un po' ebbro e pasciuto dall'essersi sentito, per una vol-ta, come il personaggio di un film d'altri tempi: «Oseresti dire, Miss Rossella O'Hara, che la terra non conta nulla per te? Ma se è la sola cosa per cui valga la pena di lavorare, di lottare, di morire, perché è la sola cosa che duri». Non era sua la terra, e non era la Georgia, ma le colline di Parma. Il tiranno intanto si era svegliato. Urgeva mammella e mam-mella arrivò.*

*Provava una strana emozione, l'adulto, in quei giorni. Capiva che neppure un figlio esiste davvero senza averlo ad-dosso nel tempo. Senza fare fatica per lui. Lavorava in città mentre mamma e bambino erano in campagna. Il letto era grande, la casa era grande, il frigo era vuoto. Ogni merco-ledì e poi il venerdì notte fino al lunedì mattina, prendeva la macchina perché il treno lo perdeva sempre, e raggiun-geva i suoi cari. E ogni volta faceva uno sforzo. Era una si-tuazione da* Quando la moglie è in vacanza, *solo che non c'era Marilyn Monroe a tenere gli intimi nel frigo per com-battere l'afa. Vedeva la sua donna sfiancata, ma sempre più prossima al pargolo, più mamma, più fisica. E il bambino come un estraneo di quelli che ti strizzano il cuore, come un barbone che dorme per strada d'inverno. Aspettava che si svegliasse e poi che poppasse e cercava di inserirsi tra le pie-ghe del tempo del piccolo per strappargli un qualcosa che di-mostrasse che esisteva davvero. Spesso, prima che il fine set-timana finisse, quell'istante non era scoccato. Quando sta-*

*va in città, sapeva di avere un figlio e ci pensava. Era un pensiero astratto, però. Il bambino diventava il suo solo dopo che aveva urlato due ore, solo dopo averlo cambiato sei volte, solo dopo averlo addormentato sul petto. Tutte cose non sempre possibili.*

*Stava per compiere un mese ormai. E già il padre provava nostalgia. Cercava di ricordarlo quando lo aveva visto uscire dal corpo di lei o il giorno successivo con il naso schiacciato e il segno della vagina marchiato sul cranio («Hai un giorno e ce l'hai già in testa, ragazzo») e non gli riusciva un granché. Sapeva che quel tempo era trascorso, soprattutto che stava passando. Una percezione nettissima e dolorosa. Lo immaginava a un anno che scandiva pap-pa-mam-magne-nghe-trrrrrrrrrr e altri versi da idiota e si sentiva dilaniato tra la voglia di vederlo cresciuto (una bella preoccupazione in meno, una bella soddisfazione in più) e il rimpianto di perderlo per come era stato.*

*Capì che la forma più forte e violenta dell'amore è essere utili. Capì che avere di fronte il bisogno più puro e totale è paralizzante, obbliga a fare e vieta il pensare. Capì le donne infinite che si ostinavano a rovinarsi la vita con uomini inetti. Non voleva diventare così e avrebbe fatto di tutto per non diventarlo. Sapeva, però, che il sentimento che lo univa al suo bambino (che dopo un mese continuava a sembrare Homer Simpson e a non assomigliargli affatto) era di quel genere e in grado supremo, e che proprio per questo era gigantesco, insostenibile quasi. Non dipendeva da lui e dai suoi sentimenti, era altro.*

*Passò la serata e lo scoiattolo concesse e si concesse tre ore di sonno. Poi si svegliò. Fu deciso di fargli il bagnetto. Mentre l'acqua scendeva (temperatura a 36,5/36,8 gradi, altrimenti si scotta o gela), il microbo gridava come un Titanic che affonda. Per un caso, l'unico recipiente disponibile era la vasca da bagno. Fu riempita a metà. Si inginocchiò brandendo il bambino nudo (com'era bello quando era nudo) e lo adagiò nell'acqua. Le urla cessarono. Lo teneva per* la nuca e sulla schiena e lo vedeva galleggiare calmo come una persona felice. Respirava, distendeva le gambine, muoveva le braccia, contento che gli venisse restituito qualcosa del tempo in cui ancora non era nato. Non seppe resistere. Si disfò dei vestiti ed entrò nella vasca con il figlio. Stava seduto in penombra nell'acqua indifferente, né troppo calda, né troppo fredda, con quel bambino che gli galleggiava tra le gambe con la faccia tranquilla e le zampe che scalciavano esperte come quelle di un anfibio, una rana-salamandra, e sapeva che nulla al mondo, mai, sarebbe stato più bello di un momento così; che quello era tutto e che sarebbe trascorso, eppure era tutto. Che l'acqua era un utero dove le cose abbassano la voce e il tempo cammina in punta di piedi, dove il dolore è un fastidio e la tristezza non c'è.

Capiva (ma non ci pensava davvero) che quello era l'unico modo dato agli esseri umani per lambire il tempo aperto e caldo in cui tutto era dato, in cui la possibilità non aveva ancora iniziato a scandire le sue gocciolanti condanne: se fai questo, non avrai questo, se prendi questa strada, le altre ti saranno precluse. Fosse arrivato un magnaccia a proporre femmine in cambio, avrebbe detto di no. Non c'erano storie. «Fai uscire il bambino e ti metto nella vasca Naomi Campbell.» «Mi spiace, monsieur Pappone, sto bene così.» «Fai uscire il bambino e ti dò Ursula Andress giovane, Faye Dunaway a 30 anni, Cindy e Joan Crawford a 25 e Monica Bellucci adesso.» «Ho altro da fare, signor Macrò, è tempo perso.» «È l'ultima offerta. Escimi il pargolo e io ti immergo Catherine Deneuve, Angie Everhart, Salomé, Maria Maddalena, Julianne Moore, Rita Hayworth, Jeanne Moreau, Audrey Hepburn e Moana Pozzi in fiore.» «Pappone, non farmi ridere che ho le labbra screpolate.» Avrebbe risposto in questo modo. Anche se forse, su Moana in fiore, una tentazione gli sarebbe scappata.

# Amplesso di Edipo: il sesso in gravidanza

> Il padre è stanziale, il maschio è mobile, l'uccello è volatile. Ci vogliono le cinghie metafisiche del ricatto e della minaccia costanti per farli stare tutti e tre assieme nella chimera di un uomo civile.
>
> ALDO BUSI
> *Manuale del perfetto papà*

Siete giunti quasi alla metà del libro. Grazie. Per non sentirmi troppo in debito di fronte a tanta abnegazione, e per offrire un contraltare semantico a questa centralità oggettiva, in questo capitolo e in quello successivo affronterò due temi, per l'appunto, centrali. Il primo è il sesso (ovvero come ci si comporta in gravidanza? Fino a quando è permesso? Fa impressione? Il bambino corre dei rischi? Esistono posizioni caldamente consigliate? Esistono posizioni freddamente sconsigliate? La gravida la dà facilmente? Se non la dà, come mi devo comportare?). Il secondo tema è la salute dell'embrione e il cumulo di esami che lo attende prima di nascere. Entrambe le questioni accompagnano la gravidanza per tutti i nove mesi.

Partiamo dal sesso. Le reazioni variano ovviamente da persona a persona, ma soprattutto da PUERPERA a puerpera. Ci sono donne che affermano di non avere mai provato orgasmi tanto intensi e completi come in gravidanza. Pare anzi che la credenza in quell'unicorno sociale che è l'orgasmo multiplo sia stata originata proprio da un amplesso in gravidanza. D'altra parte ci sono donne a cui la gravidanza fa l'effetto contrario: si sentono madonne e come tali intangibili. Esistono uomini che escono pazzi di eccitazione al solo pensiero di stare con una donna incinta (tanto che esiste un fiorente mercato hard dedicato a chi è posseduto da questo demone bizzarro). Esistono invece uomini che al solo pensiero di farlo con una gravida arrossiscono e vengono colti da violenta inibizione: si sentono san giuseppi e come tali votati al rispetto di ogni tempio mammelluto.

Senza arrivare a tali estremi si può affermare, più normalmente e banalmente, che lo stato di gravidanza incide sempre e oggettivamente sull'attività sessuale della coppia. Piacerebbe qui parlare solo dei disagi e delle remore che attraversano i maschi. La verità innegabile è che in questo genere di attività, colei sia necessaria e a volte perfino sufficiente. Questa verità ci induce ad abbandonare il proposito. Le difficoltà che la coppia dovrà superare variano di mese in mese. Sarà utile, perciò, offrire ai lettori una qualche schematizzazione cronologica di ciò che li aspetta.

Nei primi tre mesi, l'esistenza del feto è un fattore astratto. Le zinne si gonfiano e questo non può che essere incentivante, ma la pancia è ancora invisibile. Sarebbe tutto perfetto, tutto come prima, solo magari con un po' più di cautela, se non fosse che proprio nei primi tre mesi, come abbiamo già scritto, si concentrano tutti i malanni del mondo. Difficile copulare in maniera soddisfacente con una femmina esausta, addormentata, nervosa, preoccupata, incazzosa, gonfia, acneica, nauseata, emicranica, triste, stitica o duodenitica. A fare sorgere il sospetto che i fastidi appena elencati siano tutto sommato sopportabili, e tutto sommato ingiganti, è il fatto che nella maggior parte dei casi il ritmo dell'attività sessuale resta, nei primi novanta giorni di gravidanza, tale e quale a com'era prima dell'impollinazione. Anzi, avviene spesso che la femmina della specie tenda a esibire un estro più intenso, un'attitudine quasi ninfomane e manifestazioni esteriori tanto sguaiate da spingere i vicini a firmare petizioni. Una spiegazione plausibile è che la donna voglia inconsciamente affermare, per l'ultima volta, la propria femminilità, una caratteristica che il diventare madre corona e spegne al contempo.

Posto che in questioni di sesso si debba dipendere sempre dalla disponibilità della controparte, anche il desiderio maschile può attraversare nei primi tre mesi alcune oscillazioni significative. La gravidanza pone al maschio almeno un paio di dubbi angosciosi:

1) Quando il bambino sarà nato, sarò ancora il suo micione bello?
2) Se lo faccio in modo violento rischio di uccidere mio figlio?
3) Se è rimasta incinta non è una donna, è una Madonna.

La risposta a queste domande è squisitamente soggettiva. Alcuni reagiscono intensificando sforzi muscolari e di fantasia; altri iniziano ad accoppiarsi in punta di penna, seguendo l'adagio che a non esagerare non si sbaglia; altri ancora optano per una santa castità; qualcuno non riesce più a vedere nella propria compagna un oggetto sessuale e finisce, giocoforza, per fare il cicisbeo con la prima che passa. Ovvio che, senza volere fare prediche a nessuno, la soluzione numero uno (farlo ancora di più) è quella consigliata. Vero anche che si tratta di questioni nelle quali difficilmente il libero arbitrio ha voce in capitolo e che le combinazioni tra reazioni di lui e reazioni di lei possono dare vita a costellazioni psicologiche difficilmente schematizzabili.

Meglio parlare di dati scientifici. Il sesso fa bene al primo, al secondo, al terzo, al quarto, al quinto, al sesto, al settimo mese, bisogna essere cauti all'ottavo e acrobatici al nono. Se avevate l'abitudine di appenderla a testa in giù incatenata, di frustarla a sangue e di sfiancarla per ore, forse quando è incinta è meglio che vi diate una regolata (e forse anche quando non lo è). Ma se riuscite ad avere un orgasmo anche in assenza di sangue ed ematomi, nei primi tre mesi potete tranquillamente continuare a fare quello che facevate prima.

C'è una barzelletta che è l'incubo inconscio di molti maschi. Un signore ha un figlio. A tre mesi, il bimbo inizia a chiudere le manine e a bussare sul cranio paterno. Il tempo passa, ma il bimbo, ogni volta che ne ha la possibilità, serra i pugnetti e bussa sulla testa del padre. Trascorrono gli anni. Il figlio ha ormai imparato a parlare. Una sera papà si china per il bacio della buona notte e il figlio ricomincia con la sua odiosa abitudine. «Perché fai così, figliolo?» «Ti piace, eh, bastardo? Nove mesi in questo modo mi hai fatto passare.» Ebbene, dal terzo mese in poi, quando il pancione diventa evidente, la paura di molti è un po' questa. La pancia di lei è un ostacolo concreto tra il desiderio e il suo soddisfacimento. Non esistono pericoli reali, ma la scelta della posizione inizia a farsi determinante. Bello sapere che in questo periodo, che durerà fino quasi al parto, medici, ginecologi e manuali consigliano la posizione più peccaminosa, quella che normalmente fa sentire porca maiala lei e porco maiale lui. La signora si porrà a quattro zampe e il di lei maschio la prenderà da tergo, così come è di gran moda tra gli animali.

Effettivamente la posizione canonica, volgarmente detta del missionario, con lui sopra e lei sotto, risulta scomoda e scoraggiante dall'avvento del pancione in poi. Per effettuare una prestazione soddisfacente l'uomo deve essere dotato di bicipiti, addominali e dorsali di prim'ordine, non potendo gravare troppo sul ventre di lei. Ben inteso: se l'uomo non pesa centocinquanta chili da un punto di vista anatomico si può fare, non si corrono pericoli, ma il terrore che negli anni a venire vostro figlio venga a bussare è ben presente e risulta potentemente antierotico.

Negli ultimi tre mesi questa sensazione peggiora. Perfino chi ha fatto finta di niente in presenza di un pancione quadrimestrale non può più ignorare la faccenda. Perché dai sei ai nove mesi il pancione si trasforma da problema morale e sanitario, in ostacolo anatomico. Per averne un'idea occorre procedere per analogie. Immaginate di stare sopra una donna e avere tra voi e il suo corpo un pallone regolamentare da basket che vi costringe a inarcare la schiena in modo innaturale anche solo per baciarla. Roba da *Giochi senza frontiere*, roba da giocare il *fil rouge*. Ancora una volta, la soluzione più semplice è girare la signora. Altre soluzioni: tentare di farlo da sdraiati su un fianco oppure farla sedere rimanendo comodamente distesi. Quest'ultima posizione presenta l'inconveniente che lei è un po' impedita nei movimenti il che rende il tutto meno appetibile. Ma è pur sempre un modo per tirare avanti e far passare il tempo.

La quasi totalità delle riviste femminili tratta l'argomento "Come farlo in gravidanza" almeno un paio di volte all'anno. Ci sono casti disegnini e pareri degli esperti (come se esistesse gente che passa la vita a fornicare in gravidanza). Il problema è presentato nello stesso modo con cui si spiegano le diete. Non come un disagio, ma come una soluzione ricca di possibilità. Solo che fare di necessità virtù molto spesso è una vera schifezza. Ecco allora che oltre alle due posizioni sopra descritte, si propongono figure del tutto improbabili ribattezzate con nomi ancora più improponibili. Non perdete tempo perché si tratta di variazioni minime (alza una gamba, abbassa una gamba) delle uniche quattro modalità possibili già descritte: da dietro, da sotto, da sopra, di fianco. Anche se in pratica ci si gioca la posizione canonica. Il sesso è un po' più impacciato e cauto, ma ugualmente praticabile. Non c'è davvero da piangere.

Gli ultimi trenta giorni sono un po' più duri. Il bambino si vede, il pancione si muove, si intuiscono gomiti, si intravvedono calci, lei è gonfia e goffa, stanca e piuttosto legata. Dai suoi capezzoli sgorga il primo latte, goccioline biancastre che prendono il nome di COLOSTRO, chissà perché. In queste condizioni il sesso può essere ridicolo. In queste condizioni il sesso può essere inopportuno e fare un po' impressione. Non ci sono rischi per la salute del bambino ma in molti preferiscono lasciare perdere. L'idea che si rompano le acque nel bel mezzo dell'amplesso risulta per molti un antidoto efficace.

Il sesso in gravidanza è l'unica situazione in cui il desiderio di procreare o la volontà di non farlo siano del tutto assenti. Per questo motivo l'argomento è bellamente ignorato da Santa Romana Chiesa. Per questo motivo, forse, in un paese cattolico come l'Italia, sull'argomento impazza l'ignoranza più assoluta. I padri confessori non possono essere troppo duri: «Ma come, padre, l'ho fatto per procreare come dite voi e adesso dovrei starmene nove mesi a becco asciutto? Non esageri che se no divento musulmano». In assenza di indicazioni morali culturalmente sedimentate, ogni dubbio è lecito, ogni incertezza possibile e ogni interpretazione ugualmente lecita. Sarebbe ora che un cardinale, un vescovo, o chi per loro, si decidessero a spendere una parola sulla questione, consigliando agli spaesati fedeli le soluzioni più consone e comode per il piacere di lei, il desiderio di lui, la salute del bimbo e la gloria di Dio. Rendendo chiara finalmente la posizione pontificia ufficiale.

Possiamo concludere: da un punto di vista edonistico il sesso in gravidanza non è il massimo. Però non è male. Non c'è bisogno di pillole, di spirali, diaframmi, creme spermicide o preservativi. Durante la gravidanza milioni di spermatozoi possono scorrazzare finalmente liberi come cavalli nella pampa sterminata; al momento dell'orgasmo non saranno indirizzati altrove e non verranno centrifugati da sostanze o apparecchi nemici. Durante la gravidanza si può finalmente eiaculare come irresponsabili perché tanto la responsabilità l'abbiamo già sulle spalle. C'è infine un altro motivo per cui fare l'amore con una donna incinta non è affatto male: lo si fa per amore oppure per vero desiderio. Non per noia e difficilmente per abitudine. Ed è anche un po' buffo.

# ACROBAZIE DELL'AMOR GRAVIDO
## Consigli illustrati per fare sesso durante l'attesa

Non credete al kamasutra. A essere generosi le posizioni sessuali sono quattro: lui sopra, lei sopra, lui dietro, sdraiati. Le altre sono variazioni da ginnasti dannunziani. Per accoppiarsi in attesa di un bambino non è necessaria una laurea, basta un po' di accortezza. Esistono, però, soluzioni più adatte a seconda dello stato di avanzamento della gravidanza e delle dimensioni del pancione. Eccole qui.

POSIZIONE DEL MISSIONARIO
*Il pancione la rende via via meno agevole. Intorno al sesto mese risulterà scomoda, per alcuni perfino demotivante. La posizione canonica non comporta pericoli neppure al nono mese, a patto che lui non pesi 150 kg e stia attento a non franarle addosso.*

LA DONNA STA SOPRA
*È molto praticata in gravidanza per ragioni di ordine psicologico (tutti sono più tranquilli perché a gestire le spinte è chi ha in corpo il bambino) e anatomico. A gravidanza avanzata, il pancione risulta d'impaccio, frapponendosi tra i due amanti con la discrezione di una grossa anguria. Purtroppo è la soluzione solitamente amata dalle signore e più noiosa ai loro compagni di giochi. Normalmente la si realizza guardandosi in faccia, ma non manca chi preferisce praticarla al contrario, con la donna a dare le spalle al marito. Quest'ultima variante può risultare molto utile in vista del traguardo perché elimina quasi del tutto, almeno per l'uomo, l'ingombro del ventre.*

## DA DIETRO

Strano a dirsi, ma la posizione che a uomini e donne normalmente sembra più peccaminosa è una soluzione sorprendentemente pratica in tempo di attesa. Molte raccontano di avere sperimentato allora orgasmi fantasmagorici. Il pancione se ne sta invisibile tanto a lui quanto a lei, può essere appoggiato oppure sospeso. Le signore non necessitano di essere agili, i signori non devono mutare abitudini. Sorprendente la scoperta che da dietro si può anche farlo lentamente.

## SDRAIATI SU UN FIANCO

Più facile a dirsi che a farsi. È la classica truffa da kamasutra perché si può anche copulare distesi l'uno accanto all'altra, davanti, da dietro, di sbieco, ma normalmente si tratta di fasi, di interludi tra le posizioni canoniche. Non che sia spiacevole, anzi, ma quasi sempre si finisce per cambiare posizione. Questo per dire che questa soluzione, sbandierata come vincente nei manuali femminili, resta comunque una soluzione di ripiego.

95

POI CI SONO I PAZZOIDI, GLI ORI-
GINALI E I DISTINTI

*Quelli che lo fanno in bici-
cletta, mollemente sdraiati,
comodamente seduti oppu-
re in piedi con le ciabattine
ai piedi. Si tratta di soluzioni possibili anche in gravidanza. In alcuni casi addirittura consigliabili. Il problema è che non sono molto ec-
citanti. Libertà, dunque, ma
si cerchi di rinunciare al ve-
locipede.*

# Il neonato non è interattivo

*Sembrava una delegazione di bulgari al tempo dell'Urss. Mamma e sorella, ovvero suocera e cognata, suonarono alla porta ed entrarono marciando quasi senza salutarlo. Avevano una missione da compiere, calmare il bambino. Lui era in mutande e viveva l'arrivo della delegazione come una sconfitta personale, un atto di sfiducia implicito e irrimediabile. Però un po' gli faceva piacere: gli urli delle prossime ore se li sarebbe smazzati la delegazione. Era andata così: la mamma era esausta e un po' malaticcia. Qualche linea di febbre, anche se il termometro, per smentire la gravità della situazione, restava inchiodato a quota 36,2. Un forte mal di testa e un senso generale di distruzione le impedivano di reagire. Captando la debolezza della controparte, il piccolo serial killer aveva tentato un golpe mettendosi a urlare come un tarantolato, indifferente ai rollii e ai carillon, alle minacce e ai canti alpini. Urlava, gridava, smaniava, sbavava, piangeva, come se a tenerlo tra le braccia non fosse il suo papà, ma l'ultimo e il più sadico dei preti pedofili. Le sue non erano grida, erano atti di accusa contro il mondo.*

*La mamma, stramazzata, tentava di prendere sonno. Il padre girava per la casa, lo portava al petto, lo teneva a pancia in giù come fosse un pallone ovale, lo stendeva sul letto e gli carezzava la pancia, lo cullava a pancia in su, lo ap-*

*poggiava sulla spalla e intanto, ogni due minuti, tirava un fetente cordino di un fetente carillon per spargere nella stanza l'unico suono che riuscisse a calmare, almeno un po', l'indemoniato. Il carillon funzionava così: tiravi un cordino e un Piccolo Principe di legno pitturato si abbassava scomparendo, la musica iniziava, e lo stronzetto biondo rimetteva su la testa, inesorabile, risalendo piano piano al di là della balaustra di compensato. Quando era ricomparso del tutto, la musica finiva e bisognava ritirare il cazzo di cordino. Aveva sempre odiato Saint-Exupéry e il Piccolo Principe. Ora sapeva perché.*

*Lei ci aveva già provato, quasi all'inizio: «Chiama mia mamma, per favore». Lui aveva resistito: «Posso farcela da solo». Alla mezz'ora lei aveva riaperto gli occhi e la bocca: «Chiama mia mamma, per favore». Lui aveva mugugnato: «Cosa può fare più di me?». Pensava di farcela, il pazzo gli offriva di tanto in tanto anche vaghe speranze. Le piccole palpebre si abbassavano, le piccole iridi strabuzzavano incrociandosi strabiche, il respiro si allungava e, soprattutto, taceva. Ma non appena nella testa del padre prendeva forma il pensiero "Ecco, si sta addormentando", la pace finiva di colpo – scherzetto – il bimbo riprendeva a urlare e tutto ricominciava da capo, per sempre, nei secoli dei secoli.*

*Tutto ciò era reso più snervante dal fatto che ogni strategia adottata per calmare il bambino, finiva – carillon compreso – per addormentare il padre, non il bambino. Attenti alle ninne nanne, diffidate dei carillon, non sperate nelle culle: si tratta di incantesimi inventati dagli infanti per ipnotizzare gli adulti e uscirsene a ballare, a rubare oppure a drogarsi. Pensate al paradosso: c'è un essere umano che ha sonno che deve addormentarne un altro che vuole stare sveglio. Il primo ha sonno, il secondo è arzillo: sembra l'idea per un nuovo* format *spazzatura. Quello che ha sonno deve rimanere vigile in modo che quello arzillo si addormenti e l'assonnato possa finalmente addormentarsi. Non è facile. «Chiama mia mamma, per favore.» Dopo un'ora cedette.*

«*Vieni per favore, tua figlia non sta bene e il bambino non dorme.*» *Erano le tre di notte, le case erano attaccate, alle tre e zero due la delegazione arrivò. Lui fece il brillante, ma era mortificato. La suocera, gli occhi iniettati di sangue, lo sguardo penetrato dalla consapevolezza di dovere portare a termine una missione, gli strappò il piccolo di mano e prese a rollare su e giù per il corridoio cantando una ninna nanna che faceva schifo.* «*La la lalala la la lalala.*»

*Lui era ore che cantava. Che cantava canzoni deliziose. Le aveva provate tutte.* You Belong to Me *di Bob Dylan,* One *degli* U2, Golden Slumbers *dei Beatles e altre duemila, compresi adagi di Albinoni e notturni di Chopin, e quella donna cantava, a suo figlio, «La la lalala la la lalala». Guardò la scena scoraggiato, il suo compito era finito, la sua sconfitta definitiva. Si allontanò mesto dalla stanza che era stata sua, dalla stanza dove avrebbero dormito nonna, madre e figlio e dove per lui non c'era più posto. Buttato come un kleenex. La mammelluta si sentiva più tranquilla così, l'ingrato se lo meritava ("La la lalala la la lalala"), la nonna bisognava ringraziarla, perfino. La cognata, dopo essersi resa conto della situazione, era tornata a dormire e a fare rapporto al Kgb.*

*Lui discese le scale, si versò un po' di whisky e rifletté su quella sociologa inglese che andava dicendo che le filastrocche dei bambini seguono schemi cronologici diversi da quelli di qualsiasi altro portato del sapere. Le filastrocche non si evolvono, vengono tramandate da fratello maggiore a fratello minore e raramente ne vengono inventate di nuove. Diceva che i bambini di oggi cantano ancora le filastrocche dei bambini del tempo di Dickens, cioè dei loro trisavoli. Meglio lasciare stare la sperimentazione e l'avanguardia, allora. Aveva sbagliato tutto a cercare di rinnovare la forma ninna nanna innestando nelle melodie stracche e nei testi fiacchi della tradizione la ventata nuova della musica pop. Inutile cercare aria nuova. A pensarci bene aveva improvvisato sortite nel jazz (Moonriver, Round Midnight,*

My Favourite Things*) e risalito la corrente del tempo fino alla classica sinfonica. In ultimo aveva composto la* Ninna nanna del cassonetto. *Invano. Meglio raschiare il barile della memoria, intervistare la mamma (la propria) e ritrovarsi a cantare, con voce da alpino, antiche e tragiche storie di caprini rapiti, di uomini neri e di lupi cattivi.*

*La pensata era così profonda, il bisogno di fermarsi a riflettere così acuto, che si convinse che era meglio avere pazienza e aspettare. Nel giro di sei mesi Bela Lugosi sarebbe diventato una creatura incantevole, avrebbe fatto i versetti; nel giro di un anno avrebbe camminato e poi parlato e fatto ciao ciao con la manina e poi finalmente ascoltato ciò che aveva da dirgli e da insegnargli. In attesa che tutto questo avvenisse pensò che come padre aveva il dovere di migliorarsi, che se non era riuscito a calmarlo la colpa era sua, giurò a se stesso che non avrebbe più subito un'umiliazione del genere. Aprì il libro che state leggendo, e lo aprì proprio su questa pagina, una pagina che non poteva mancare, anche se la guida dovrebbe coprire solo i mesi dell'attesa. Ciò che lesse si intitolava* Consigli per addormentare un neonato. *Chi non ritenesse di averne bisogno, può rivolgersi direttamente agli sportelli del prossimo capitolo:* Dai sei ai nove mesi. Che succede là dentro?

### CONSIGLI PER ADDORMENTARE UN NEONATO

Addormentare un neonato è un'impresa eroica che varia, però, da neonato a neonato. I motivi che impediscono al piccolo di addormentarsi sono essenzialmente quattro:

1) ha fame;
2) ha mal di pancia;
3) ha voglia di essere cambiato;
4) è nervoso.

Diciamo da subito che il desiderio di essere cambiato incide in misura non superiore al 10 percento perché il porcello nella sua cacca e nella sua pipì ci sguazza volentieri. Un altro 10 percento va ascritto a un non meglio precisabile nervosismo (il caldo, il freddo, la sconfitta della squadra del cuore). Il restante 80 percento se lo spartiscono in parti uguali la fame e il mal di pancia. La fame è un problema che si può risolvere con una tetta o un biberon. Il mal di pancia invece è una iattura. Le famigerate "colichine" riguardano la metà dei neonati compresi tra i trenta giorni e i tre mesi. Quelle più violente e durature arrivano, di solito, verso le undici di sera in modo da strappare al genitore di turno le migliori ore di sonno. L'unica maniera di limitarle è tenere l'usuraio in posizione verticale per almeno dieci minuti dopo ogni poppata in modo da dargli il tempo di "fare il ruttino". È bene farlo, ma spesso è inutile.

Le coliche si riconoscono perché arrivano a ondate, vengono annunciate da un frignìo sobbalzante che esplode in un grido disperato per spegnersi, così come era giunto. Durante la fase di massimo dolore, lo strozzino scalcia come un mulo, distendendo le zampette e i piedini che appaiono contratti. La posizione migliore per tenere il bambino durante le crisi è distenderlo sull'avambraccio a pancia in giù in modo che il faccino appoggi quasi all'altezza del gomito del genitore o della genitoressa. La mano del braccio su cui è disteso dovrà essere aperta sul ventre in modo da tenerlo al calduccio. L'altro braccio può essere infilato tra le due gambe a sostenere il primo, appoggiarsi sul ventre e farsi sostenere dall'altro oppure essere lasciato libero. Una delle difficoltà maggiori si deve al ritmo vertiginoso con cui un bambino cresce in dimensioni, circostanza che impone continui adattamenti e riforme. Ma anche la presa migliore si rivela pressoché inutile se non camminate lentamente per la casa (nelle sere peggiori si possono percorrere chilometri) e se vi dimenticate di cullarlo dolcemente con la mano libera.

Sembra facile, pare una questione di pazienza e per-

## SCARROZZARE
*Piccole idee per una vita più armonica*

IL CARRELLO CARROZZINA
*L'investimento è minimo (1 o 2 euro). E quando il bimbo cresce si può sempre restituire al supermarket (recuperando l'1 o 2 euro). Solido e postmoderno, il carrello carrozzina protegge il bambino da ogni urto. Piuttosto difficile da manovrare, risulta perfetto per chi vive in un mondo a due dimensioni.*

LA CARROZZINA TV
*Dopo un po' i neonati non hanno molto da dire. Piazzargli in corrispondenza del volto uno schermo tv può essere utile. Ideale per chi desidera vedere la partita o guardare una telenovela senza rinunciare al piacere di stare con il proprio bambino. (Questa idea è tratta da* Catalogo d'oggetti introvabili *di Carelman, Mazzotta Editore, 1978).*

severanza. Non è così. Addormentare un neonato è un'impresa zen. La disposizione d'animo dell'addormentante è infatti fondamentale per conseguire lo scopo. Per cominciare c'è la questione del camminare. Trascorrere un'ora a passeggiare in un appartamento inventando gimcane sempre diverse (circumnavigo il tavolo in senso orario, adesso percorro il corridoio su e giù due volte, entro in cucina, arrivo al lavello, mi giro su me stesso, imbocco di nuovo il corridoio, rientro in sala e giro attorno al tavolo questa volta in senso antiorario e così via) è un'esperienza snervante e altamente simbolica. L'immagine più prossima è quella di un carcerato che passeggi su e giù per la cella. Una sensazione che vi dà una misura, sconfortante ma quasi esatta, del guaio in cui vi siete andati a cacciare. Dopo un po' il braccio su cui è disteso il piccino inizia a fare male e così la schiena. Se provate a sedervi, stando bene attenti a farlo lentamente senza interrompere il rollìo, quello apre gli occhi e ricomincia a lamentarsi. Non resta che riprendere il viaggio all'interno della stanza.

Un consiglio che può essere utile all'inizio dell'impresa, quando l'agitazione del piccolo è più intensa, è quello di cambiargli posizione non appena incomincia a manifestare disagio. La posizione fondamentale è quella sopra descritta, lì occorre ritornare, ma spostarlo può servire a ricacciargli in gola il lamento. Il peggiore difetto della postura consigliata sta nel fatto che non è possibile vedergli gli occhi e quindi sapere se li abbia chiusi oppure saettanti sul mondo. Si rende necessaria, ogni tanto, perciò, una capatina in bagno per osservarlo allo specchio e monitorarne lo stato. Ma attenzione. Le prime due regole sono: non fidarsi e non farsi domande. Anche quando ha gli occhi chiusi, prima di arrischiarsi ad adagiarlo nella culla, bisogna sentire che dorme in ogni più intima fibra.

In realtà il ranocchio sta mettendo alla prova suo padre: è questo che occorre avere bene in testa. Finge di dormire per dimostrarvi che state cercando di liberarvi di lui. Se ci riesce, sarete puniti. Per questo motivo addormentare un neonato confina con lo zen, molto più del tiro con l'arco e moltissimo più della manutenzione della motocicletta. Prima di iniziare è utile svuotare la testa di ogni pensiero e intenzione. Bisogna pensare ad altro, distrattamente. Nel frattempo è consigliabile parlare sottovoce dicendo cose, nominando gli oggetti che si incontrano sulla via come fossero nuovi, "l'interruttore", "la sedia", "l'orologio a muro", "la tazza del cesso", "le piastrelle", "i libri", e usciti sul terrazzo, se capita, "le stelle", "le stelle del manico del Gran Carro", vedete voi. Avendone voglia si può perfino spiegare di cosa si tratta, ma così come viene, come se nessuno fosse davvero in ascolto. L'importante è togliersi dai piedi il tempo e il ritmo con cui lo si attraversa di solito. L'insonne deve sentire che per addormentarsi ha a disposizione l'eternità e che la fretta non è ancora stata inventata.

È un'attività inumana che può avere un lato istruttivo. Tentare di spiegare a un neonato la funzione degli oggetti con cui si ha a che fare tutti i giorni è un'esperienza ricca. Uno si trova a raccontare per esempio che i libri sono farfalle con tantissime ali bianche maculate di segnetti neri, che le prese sono le mogli delle spine, che i tavoli sono cani piatti a cui hanno rubato la testa e la coda, un fiorire di metafore che uno non sapeva di avere in testa e che qualcosa però rivelano del suo modo di stare al mondo. L'altra cosa interessante è il rapporto con il tempo che si toglie il suo vestito secondo il prima e il poi, per metterne uno con disegni a spirali e grovigli abbarbicati allo spazio. Alla fine, sfiancati, ci si ritrova in una realtà in cui destra e sinistra, prima e dopo, orientamenti spaziali e temporali perdono di senso.

Raggiungere il nirvana e mantenerlo, alle tre di notte, dovendo magari svegliarsi alle sette del giorno dopo, è difficile. Ma è il modo più naturale per stendere un'albicocca insonne. Non resta che pregare di averne messo al mondo uno sonnolento. È in commercio un libriccino intitolato *Fate la nanna* che prima o poi verrà regalato a ogni nuovo genitore. È molto breve, ma potrebbe essere lungo una pagina. Dice: se un bimbo non dorme la colpa è delle cattive abitudini che ha preso. Se piange bisogna lasciarlo piangere e andarlo a trovare ogni tanto per intimargli dolcemente di smetterla. Alla fine si arrende. Dicono che funzioni. Il rischio è di trasformare il neonato in un piccolo depresso, in un Oblomov in fasce. Visto che il mondo fa schifo, mi metto a dormire.

*Cominciava ad albeggiare e lui aveva capito dove aveva sbagliato. Addormentare un bambino non è un fatto di ipnosi, non bisogna cercare di sovrapporre la propria volontà a quella di lui, ma fare il contrario: accettare di divenirne strumento. Stava ancora imparando, quando sentì urlare. Ormai erano le sei di mattina. Il grido perdurava. Decise di finire il capitolo, in attesa che qualcuna si svegliasse. Niente. Salì e trovò le due campionesse dell'amore femminile che ronfavano come elefantesse ubriache e il bimbo che frignava disperato. Lo prese in braccio e svegliò la mammelluta. Fu la sua rivincita sul mondo. Finalmente poteva addormentarsi anche lui.*

# Gli esami non finiscono mai
## (e altre paranoie)

> Devi essere spaventato, figlio mio. Solo in questo modo si diventa onesti cittadini.
>
> JEAN-PAUL SARTRE

Fate gli scongiuri, questo è il capitolo delle sfighe cosmiche, delle disgrazie su cui la vostra possibilità di intervento è pari a quella di un moscerino nel decidere il nuovo allenatore della nazionale. Capitolo che abbiamo piazzato qui, in vista del traguardo, perché se durante i primi sette mesi la prospettiva di avere un neonato non proprio in salute è stata remota come il neonato medesimo, nell'ultimo periodo si fanno largo nella testa dei genitori (di solito più in quella femminile che in quella maschile) mostri spaventosi.

Avviene che il corpo di lei, durante i nove mesi di gravidanza, sia sottoposto a una quantità di esami e di controlli che neppure le rane da Alessandro Volta ai bei tempi. Questo significa che sarà un fioccare di analisi del sangue e delle urine, di ecografie e di visite ginecologiche, di test, TRITEST, TRANSLUCENZE NUCALI, elettrocardiogrammi, *marker* per epatite, test Hiv, minicurve da carico di glucosio, tamponi vaginali, *screening* anticorpali, roba di cui, salvo non siate ginecologo oltre che padre, non capirete un'emerita mazza.

Diciamo da subito che la salute e la sopravvivenza di Lilliput è esposta, durante le quaranta settimane che vanno dalle ultime mestruazioni pervenute al parto, a una serie così lunga di pericoli da far diventare ipocondriaco anche un hooligan. La beata ignoranza è la risposta migliore. Inutile allarmarsi prima degli esiti (altrimenti si vivrebbero i nove mesi peggiori della vita), inutile cercare di capire, meglio affidarsi al ginecologo e pensare che in fondo si tratta di roba da donne. Per questo motivo eviteremo di dilungarci sui rischi che, come briganti in un bosco, circondano il vostro piccolo nei 266 giorni che trascorrerà là dentro, nel buio. Confortatevi all'idea che non è l'Anonima sequestri e che nessuno mai potrà chiedervi un riscatto. Eppure un quadro generale degli esami da superare può essere utile. Ad alcuni di questi esami (penso alle ecografie) probabilmente prenderete parte.

La triste verità è che non si fa in tempo a rallegrarsi di avere centrato il bersaglio che il corpo di lei viene preso in consegna dalla medicina e dai suoi macchinari. Le donne hanno lungamente e giustamente insistito negli ultimi trent'anni sulla "medicalizzazione del corpo femminile", ma poco sulla medicalizzazione del feto attraverso il corpo femminile. Un fenomeno altrettanto grave e forse dal sapore un po' più nazista (espressione qui utilizzata nell'accezione di "eugenetico", appartenente all'ideologia che sostiene che i più meritevoli di vita siano i forti e i normali). Quindi: grandi proteste, per esempio, sul fatto che la donna partorisca da sdraiata in modo che il medico (maschio) possa dominare il suo corpo e nessuna parola, o quasi, sul numero spropositato di esami che si è chiamate a subire.

Nessuno al mondo vorrebbe un figlio handicappato. Ma sforzarsi di saperlo in tempo per abortirlo, è una cosa diversa e un po' meno accettabile. Per capirlo basta fermarsi un attimo. E pensare in modo da mettere tra parentesi la propria felicità, i propri desideri e la propria tranquillità. Non stiamo qui, buttiglionescamente, mettendo in discussione il diritto delle donne e nemmeno l'aborto che deve essere, in ogni caso, possibile. Pensiamo che assumere un atteggiamento difensivo, teso prima di tutto a garantirsi dal male, quando si annuncia la nascita di un nuovo essere umano, sia sbagliato. Molti degli esami, è vero, hanno una finalità terapeutica: capire i rischi della gravidanza e i difetti del feto significa per la medicina avere la possibilità di intervenire per tempo a correggere e a guarire. Ma chissà come mai, la finalità terapeutica si sente meno durante le visite. Il centro delle preoccupazioni di ginecologi e genitori è l'eventuale anomalia del bambino e, in secondo sacrosanto piano, i rischi per la madre.

Per fortuna in tutta questa benedetta "medicalizzazione" ci sono le ecografie, l'unico momento nel quale i padri in attesa possono essere certi che quel pancione gonfio non sia frutto di una gravidanza isterica. Di solito sono quattro, tutte diverse e non tutte da esserci. La prima viene eseguita prima della dodicesima settimana e non vale granché. Si vede una macchiolina nera profilata di bianco all'interno di un prisma grigiastro e striato, molto poco erotico, che assicurano essere l'utero. Ognuno di noi ha presente i fosfèni, anche se magari non sa che si chiamano così, le macchie di luce colorate che si vedono a volte quando si chiudono e si strizzano gli occhi. Il risultato della prima ecografia è un minuscolo fosfèno in bianco e nero. Testimonia che qualcosa là in fondo sta succedendo, ma se avete da lavorare, non andateci. Non vi perdete molto.

Assolutamente imperdibile, meglio di una finale dei Mondiali, più emozionante della Coppa Campioni, è invece la seconda ecografia. Avviene tra la diciannovesima e la ventitreesima settimana e bisogna esserci, non tanto per ciò che si vede, ma per ciò che si sente. Si vede un galleggiare grigio nel grigio, vagamente umanoide d'accordo e un po' emozionante; solo che poi il ginecologo schiaccia un pulsante, tira una leva e si sente il cuore… Che batte come un cuore vero, fa *tum tum tum tum tum tum* veloce che pare vada di corsa. Lei è distesa con un gel sulla pancia, il ginecologo le fa scivolare sul gel una specie di macchina per le carte di credito (la sonda), tu sei in piedi e dall'altra parte c'è il monitor. Il miracolo in bianco e nero che si visualizza sullo schermo è dovuto a onde a ultrasuoni che la sonda rileva e la macchina traduce in informazioni visive e uditive. E può essere che vi guardiate, tu e lei, *tum tum*, e che nel monitor quello se la nuoti come Enzo Maiorca, *tum tum*, ed è una delle cose, insieme a *In a Sentimental Mood* suonata da John Coltrane e alla *Morte di Ivan Ilič* di Tolstoj, ma di più, per cui vale la pena di essere nati.

Le altre due ecografie, al confronto, sono sciacquatura per piatti. Tra la ventottesima e la trentaduesima settimana va in scena la terza. Da un punto di vista visivo è la migliore, non mancate se potete: sul monitor si vede un esserino umanoide dalla gran testa e con gli arti esili che galleggia, si gira, si muove, se avete fortuna si porta un dito in bocca e lo succhia, alza un braccio, tira un calcetto. Se apre le gambe, e di solito lo fa, mostra al mondo il popparuolo oppure la sua mancanza. Vale a dire la sgnacchera. Si capisce cioè con certezza se è maschio o femmina. Se è maschio, chiedere: «E quello cos'è, dottore, il cordone ombelicale?» fa sempre ridere. Da un punto di vista medico, il ginecologo controlla che il cavalluccio marino abbia tutto il necessario (due gambe, due braccia, una testa ecc.) e niente più del necessario (sei gambe, tre braccia e due teste ecc.).

Date le premesse, uno si aspetterebbe che l'ultima ecografia, quella che si esegue intorno alla trentottesima settimana per valutare il liquido amniotico, la lunghezza del ragazzino e la sua salute, sia un'esperienza irrinunciabile. E invece il procione è diventato così grande che non sta più nell'inquadratura. Si vede la faccia, ma sembra quella della Sacra Sindone, e un mare di macchie che vi spiegano essere i piedini, la sezione del cranio, il fegato, l'intestino, ma che a chi non sa sembrano soltanto lo schermo di una tv senza antenna degli anni sessanta.

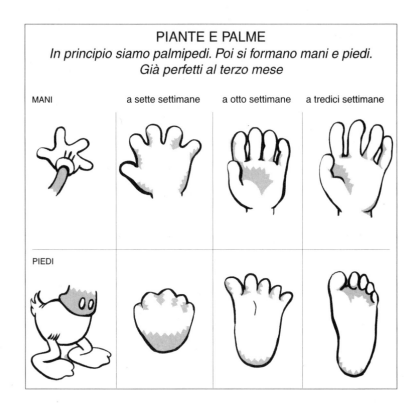

**PIANTE E PALME**

*In principio siamo palmipedi. Poi si formano mani e piedi.
Già perfetti al terzo mese*

| MANI | a sette settimane | a otto settimane | a tredici settimane |
| PIEDI | | | |

Le ecografie sono finite (forse ne vedrete qualcuna in più, ma è un caso), il resto sono tabulati, valori, numeri, cifre su fogli di carta inintelleggibili. Le ecografie costicchiano e non tutti i medici ne fanno uso abbondante. L'elenco degli esami fondamentali basta a dare un'idea della selva in cui il corpo della donna viene a trovarsi. Prima della dodicesima settimana sono di routine l'esame emocromocitometrico (anomalie del sangue possono indicare la presenza di malattie specifiche), quelli per l'epatite e per il gruppo sanguigno (se la madre è Rh negativa e il fecondatore e il figlio Rh positivi, il sistema immunitario materno può distruggere i globuli rossi del feto), esami sierologici per la lue, Hiv, urine ogni mese come se piovesse, glicemia, creatininemia, transaminasi (gli ultimi due servono a individuare eventuali malattie dei reni o del fegato), Torch (anticorpi rosolia, toxoplasma, citomegalovirus, herpes); verso la quindicesima settimana, le urine vengono tenute d'occhio e si fa una bella urinocoltura, oltre al tritest di cui parleremo più avanti; dopo un altro mesetto c'è bisogno di un altro esame delle urine e di quello della cosiddetta minicurva da carico di glucosio (per individuare casi di diabete gestazionale che può insorgere durante la gravidanza per la modificazione di zuccheri e insulina nel sangue); tra la ventottesima e la trentaquattresima settimana (cioè settimo, ottavo mese) tornano di moda emocromocitometrico ed elettrocardiogramma, oltre alle solite urine; il tempo stringe: urine ed emocromocitometrico di nuovo più una novità assoluta: un tampone vaginale per stanare il bastardissimo streptococco b-emolitico del gruppo B responsabile di polmoniti, setticemie e meningiti dei primi sessanta giorni di vita. Lo scimpanzé può nascere da un momento all'altro, ma gli esami non sono finiti: tra la trentottesima e la quarantesima settimana si rifà per la trecentesima volta l'esame completo delle urine, c'è un'ultima ecografia, si esegue la cardiotocografia che consente di valutare il cuore del bambino e infine si determina la colinesterasi per stabilire, in caso di parto cesareo, la tolleranza all'anestesia totale.

Questo è l'elenco di base. Su questa sfilza di esami ogni ginecologo troverà il modo di ricamarne altri, il più delle volte determinati da effettive necessità mediche, altre volte, più raramente, da ghiribizzi e manie personali. Il consiglio ai padri (e anche alle madri) è quindi quello di rinunciare al proposito di tenere tutto sotto controllo facendosi un'idea completa di rischi e responsi. Meglio affidarsi al ginecologo, e sceglierne uno che ispiri fiducia e non vada matto per gli esami, incrociare le dita e sperare che Dio ve la mandi buona (soprattutto se si tratta di una bambina).

Esistono, tuttavia, alcuni esami su cui è bene sapere

qualcosa di più. Un po' perché sono i più drammatici (individuano eventuali anomalie del bambino che verrà al mondo), un po' perché preludono all'unica decisione medica su cui i padri in attesa hanno e devono avere voce in capitolo: l'AMNIOCENTESI. Stiamo parlando del tritest e della translucenza nucale. Iniziamo con il dire che sono in alternativa. O si fa l'uno o si fa l'altro. I medici di solito sconsigliano di eseguirli entrambi perché possono presentare responsi opposti e quindi confondere le idee invece di chiarirle. Il tritest si esegue tra la quattordicesima e la sedicesima settimana, non è invasivo (non fa alcun male) e ci azzecca nell'80 percento dei casi. Serve per individuare le donne a rischio di partorire un bambino con la TRISOMIA 21 (meglio nota come sindrome di Down o mongolismo); è molto meno attendibile per disastri peggiori come la trisomia 18 (sindrome di Edwards) e la trisomia 13 (sindrome di Pan). Si basa sulla misurazione in proporzione di tre sostanze presenti nel sangue ($\beta$HCG, estriolo non coniugato e $\alpha$ fetoproteina). L'altro esame si chiama translucenza nucale (o misurazione della plica nucale). Si esegue durante l'ecografia, la sua attendibilità è identica a quella del tritest. Serve a individuare la sindrome di Down e varie magagne del tubo neurale. Mentre i genitori ascoltano per la prima volta il battito del cuore dell'omino di Atlantide, il ginecologo misura lo spessore della plica nucale (qualche cosa tra collo e nuca) del feto che, in caso di sindrome di Down, può risultare maggiore ai tre millimetri. Se uno di questi esami non va come dovrebbe, occorrerà decidere di fare, o non fare, l'amniocentesi.

Dicesi amniocentesi precoce un esame che si può decidere di affrontare a partire dalla quattordicesima settimana di gravidanza. La durata media è di sessanta secondi cui segue una mezz'oretta in osservazione e una seconda ecografia di controllo. Non è dolorosa (ma è fastidiosa) e non prevede anestesie. Si esegue prelevando un campione di liquido amniotico (con annesse cellule fetali) mediante un ago inserito nella cavità amniotica attraverso la parete addominale e l'utero (cioè viene inserito attraverso la pancia). Il tutto, per non sbagliare, avviene sotto la guida di un ecografo. Sul liquido prelevato i medici eseguiranno alcuni esami genetici e biochimici per escludere (o ammettere) la possibilità di alcune malformazioni genetiche (ancora le trisomie 21, 18 e 13) e di difetti del tubo neurale. Per avere gli esiti occorre aspettare due o tre settimane. Se gli esiti sono brutti, ci si ritrova a decidere se abortire o no quasi al quarto mese di gravidanza. Non è per niente una decisione facile.

In teoria l'amniocentesi è consigliata a donne di età avanzata, a donne terrorizzate dall'idea di partorire un bambino non sano oppure in presenza di casi specifici (altri figli afflitti da determinate malattie e malformazioni o storie familiari particolari). Nella realtà viene proposta, o almeno prospettata, a chiunque. Vi verranno dette cose del tipo: «Prima della translucenza nucale la vostra possibilità di avere un bambino Down era di una su mille. L'esame è andato bene: ora avete una possibilità su seimila. Complimenti, signori. Per essere quasi sicuri, potete decidere di fare l'amniocentesi. L'amniocentesi escluderebbe al 99 percento la sindrome di Down, soltanto che provoca un aborto una volta su 100/200. Sconsigliamo di fare il tritest perché, essendo basato su princìpi completamente diversi da quelli su cui si fonda la translucenza nucale, potrebbe dare risultati opposti con la conseguenza che per papà e mamma, cioè per voi, sarà ancora più difficile decidere se fare l'amniocentesi o no». Insomma, si brancola nel buio o quasi.

A parte il fatto che per molti è fastidioso e un pochino nazista mettersi a calcolare le possibilità (possibilità) di avere un bambino Down in relazione alla decisione di abortirlo, a parte il fatto che, escluso (si fa per dire) il mongolismo, resta possibile una miriade di mali anche peggiori tipo malattia di Tay-Sachs, distrofia muscolare, sindrome dell'X fragile, talassemia, fibrosi cistica, microcefalie, idrocefalie, difetti cardiaci, malformazioni delle vie urinarie, emofilia, corea di Huntington e altre mille amenità, questo tirare a indovinare lascia aperte possibilità così numerose che il gettarsi nel gorgo della scienza a braccia aperte invece di tranquillizzare spesso finisce per impaurire, invece di calmare terrorizza. L'unica maniera di sfruttare al meglio i dati snocciolati da medici e macchinari sarebbe quella di affrontare la questione come se si trattasse di fare un bel sistemino al totocalcio. Due doppie, tre triple, alla Juve manca Trezeguet, Vieri ha una nuova fidanzata, in casa l'Avellino quest'anno va forte e così via.

L'angosciante cavalcata sta per finire. Ma gli esami possibili, per fortuna e purtroppo, sono molti di più di quelli che abbiamo elencato. Almeno da nominare la VILLOCENTESI che si può effettuare a gravidanza appena iniziata (e quindi l'eventuale decisione di interromperla è meno tragica), ma comporta un alto rischio di aborto; e la FUNICOLOCENTESI che si effettua verso la ventesima settimana prelevando campioni di sangue del feto è quasi infallibile se c'è rischio di sindrome dell'X fragile e necessaria per determinare eventuali danni se la donna ha contratto in gravidanza malattie infettive come la rosolia, la TOXOPLASMOSI e il citomegalovirus. Il rischio di aborto della funicolocentesi è paragonabile a quello dell'amniocentesi e, limitatamente a determinati problemi, è molto precisa.

A uno verrebbe da pensare che la pancia di una donna sia il luogo dove si corrono meno rischi al mondo. Purtroppo non è così. Perché è già mondo. Un feto, come ognuno di noi, può andarsene in ogni momento, ma vivere nel terrore che questo accada non è un bel vivere. Nella stragrande maggioranza dei casi si annida, cresce, si nutre e nasce che è una bellezza. Il modo migliore di comportarsi è cercare di tenere a bada le proprie paure e passare il tempo girandosi i pollici.

# Il produttore di würstel

*A vederlo da vicino non era bellissimo. Faceva venire in mente un produttore di würstel. Un tedesco con le guanciotte rubizze percorse da fitti reticolati di capillari rotti, di quelli che amano indossare panciotti e cravattini, di quelli allegri che non hanno mai avuto il sospetto che il mondo non sia fatto a forma di salsiccia. Lo vedeva con un hot dog infilato dietro l'orecchio come una matita e la visione lo faceva ridere, anche se si sentiva un po' in colpa per questo. L'industriale degli insaccati balenava gli occhietti del tutto all'oscuro. A due mesi iniziava a guardarsi in giro e a ridere anche, soprattutto se il consumo mondiale di würstel era dato in crescita. Nonostante l'ora tarda, non manifestava alcuna intenzione di prendere sonno. Qualcuno ha presente un industriale un po' ubriaco che se la spassa in un night di Bucarest?*

# Dai sei ai nove mesi

# TUTTO IL FETO MINUTO PER MINUTO
## *dai 6 ai 9 mesi (settimane 28a-40a)*

*Continua da pagina 70*

VENTOTTESIMA SETTIMANA. Inizia il conto alla rovescia. Il più è fatto. Può nascere da un momento all'altro. Bisogna solo aspettare. Le tette di lei probabilmente le avete messe già tra parentesi. Nella testa dei padri appartengono al figlio. Il fatto è che spesso iniziano a lacrimare colostro, il primo latte, incerto e giallino.

VENTINOVESIMA SETTIMANA. Il menefreghista è alto quasi 40 centimetri e pesa un chilo, più o meno. E poi è più umano. Il testone è stato quasi raggiunto nelle dimensioni dal resto del corpo.

TRENTESIMA SETTIMANA. Ormai gli avvistamenti sono avvenuti anche da parte paterna. Lo si sente guizzare come un pesce rosso, inferocito e simpatico.

TRENTUNESIMA SETTIMANA. Ogni tanto, da qualche tempo, lei avverte contrazioni improvvise. (Ma può anche non succedere.) Si chiamano CONTRAZIONI DI BRAXTON HICKS. L'utero prepara il parto. Lei può anche non sentirle. Il bambino no. Chissà com'è.

TRENTADUESIMA SETTIMANA. Ormai è un gigante. È alto più di 40 centimetri e pesa più di un chilo e mezzo. Lei ha iniziato il corso preparto e vi ha comunicato il giorno della convocazione.

TRENTATREESIMA SETTIMANA. È intorno a questo periodo che, se decide di farlo, il bambino si impegna. Compie cioè una capovolta nell'acqua e porta la testa in basso. Si prepara a nascere, quel posto gli va stretto.

TRENTAQUATTRESIMA SETTIMANA. Ormai si muove come un invasato. La madre lo sente spessissimo, il padre se solo lo vuole. Vede, le palpebre ormai dischiuse, la differenza tra luce e buio. Per quella tra bene e male è un po' più complicato.

TRENTACINQUESIMA SETTIMANA. Oh, com'è stanco e appesantito questo fiore di ragazza. Le gambe gonfie. Il ventre che sembra disegnato dai fratelli Mongolfier. Non ne può più e neanche voi, a dirla tutta. L'attesa sfianca.

TRENTASEIESIMA SETTIMANA. Ormai è lungo una cinquantina di centimetri, l'infante. Ha un cervello, mani, piedi, occhi, orecchie, e perfino il surfattante polmonare. Tutto l'occorrente. E ancora si nutre dal cordone ombelicale. Lei si fa visitare una volta a settimana. Voi forse avete partecipato al corso preparto.

TRENTASETTESIMA SETTIMANA. Non succede niente. La verità è che nell'ultimo mese, si tira il fiato in attesa che quello si decida a nascere.

TRENTOTTESIMA SETTIMANA. In realtà, una cosa accade. Il bambino inizia a contrarre e rilasciare i polmoni. Sono i primi movimenti respiratori. Inutili perché là dentro c'è solo liquido. Ma di questo non si può fargliene una colpa. Se si è già impegnato (messo a testa in giù), la sua testa scivola ancora più in basso e il pancione si abbassa.

TRENTANOVESIMA SETTIMANA. L'atteso potrebbe darsi una mossa a questo punto. Lei si sente come un'ippopotama a un corso d'aerobica e probabilmente è percorsa da violente contrazioni (sempre di Braxton Hicks). Ti abbiamo aspettato abbastanza. Ora vedi di darti da fare, ragazzo.

QUARANTESIMA SETTIMANA. È alto una cinquantina di centimetri. Pesa in media tre chili. A un certo punto decide che lì dentro sta solo perdendo tempo e avverte sua madre che la battaglia è iniziata. Alla fine uscirà dal corpo di lei, un po' sconvolto e ammaccato. Nonostante tutto quello che avete letto qui o ascoltato altrove, sarà molto strano vedere che per davvero quel pancione conteneva un bambino.

# Che succede là dentro?

> La forma originaria di ogni abitare è il vivere non in una casa, ma in un guscio... L'attesa è l'interno foderato della noia.
>
> WALTER BENJAMIN
> *Passagen-Werken*

Precipitano. Gli ultimi giorni precipitano. Ma precipitano lenti. Sbaglierebbe chi immaginasse un'acquazzone tropicale o una grandinata primaverile. Qui si tratta, più che altro, di fiocchi di neve. O meglio: si tratta di un'unica lunghissima e lentissima giornata. C'è un momento in cui l'attesa da astratta si fa concreta. Non si tratta di un momento preciso, però, inaugurato da un avvenimento che funzioni da segnale di partenza. È piuttosto il depositarsi di un cumulo di oggetti, di vestitini da sistemare, impegni da assolvere, decisioni da prendere, esami da fare, preoccupazioni da affrontare, che nell'insieme rendono non più prorogabile, grazie alla propria indiscutibile presenza, l'arrivo nel mondo di un nuovo essere umano. Fino al sesto mese ci si può trastullare all'idea inespressa che sia tutto per finta. Dopo non è più possibile. Ci sono un mucchio di cose pratiche, oltre alla pancia di lei, che ricordano ai genitori che le loro esistenze stanno per essere travolte.

Partiamo dalle informazioni basilari: come se la passa il palombaro là dentro? L'avevamo lasciato a pagina 72 che si affacciava ai sei mesi, lungo la bellezza di 30 centimetri, pesante quasi un chilo, impegnato notte e giorno a singhiozzare, a bere ogni giorno quasi 4 litri di liquido amniotico e a pisciarlo fuori per poi riprendere a inghiottirlo. Lo si era salutato che si muoveva a scatti, mentre le cellule della corteccia cerebrale iniziavano a maturare.

Abbiamo taciuto il particolare decisivo. A partire dai sei mesi di gravidanza (180 giorni, 25 settimane), il fetozzo può decidere di nascere con buone probabilità di sopravvivere. Perché la sopravvivenza sia certa (o quasi), gli manca ancora una cosa, una cosa soltanto: la cosa si chiama surfattante polmonare, è una sostanza che permette agli alveoli, le piccole cavità che rendono i polmoni le spugne che sono, di non collassare tra un respiro e l'altro. Il problema è questo. Ma i medici hanno elevate probabilità di risolverlo.

Lo avevamo lasciato in queste condizioni. Lo ritroviamo, siamo già al settimo mese, a testa in giù. Infatti, a meno che non abbiate ingravidato la gigantessa di un circo, a partire dalla trentesima settimana, al bambino – ormai il termine feto gli va stretto – l'utero apparirà come un monocale a una coppia in attesa: inadeguato, claustrofobico, monacale. Per cercare di risolvere il disagio sfruttando al meglio il poco spazio a disposizione, Caligola ha due possibilità: interpellare un giovane architetto degli uteri oppure girarsi, stiracchiarsi, cercare una posizione più comoda. Succede così che molto spesso, tra la trentesima e la quarantesima settimana, il bambino decida di "impegnarsi" (si dice così), portando la testa all'imbocco del canale dell'utero e i piedi e il sedere *alias* "il podice" (si dice così) in alto dalle parti dello stomaco di sua madre. È un'operazione che può avvenire o non avvenire (il bambino a volte decide di uscire dai piedi), può avvenire al settimo mese o un giorno prima della scadenza del nono, ma è un'operazione importante perché dà il segno che quell'avanzo di blastocisti che avete messo in moto si sta preparando per nascere.

Durante il settimo mese l'imperativo di vostro figlio è

uno solo: umanizzarsi. Vale a dire mettere a punto i dettagli, perfezionare le quisquilie, definire gli ultimi particolari. Tra i quali, per esempio, aprire le palpebre e quindi gli occhi sul mondo (che al momento consiste in 700 millilitri di liquido amniotico), completare gli orecchi sviluppando per bene i timpani. Cosette così, che sono dettagli, d'accordo, ma che fanno la differenza. Il piccolo alieno è ora lungo circa 40 centimetri e pesa un chilo e 800 grammi, quasi come un bambino vero. Il surfattante è ancora un problema.

Se dentro la pancia avvengono tutte queste belle cose, la novità è che questa presenza si inizia a percepire sempre più chiaramente anche all'esterno. Per giorni e giorni la madre sobbalzerà in urletti: «L'hai sentito? Scalcia! Metti la mano qui». Rimarrete come dei tonti con la mano lì per minuti interminabili, e non succederà nulla. Poi, un bel giorno – tac! – un colpetto, un guizzo, un arzigogolo, uno che bussa una volta soltanto e poi se ne va. «L'ho sentito…» E si rimane un po' interdetti. Soprattutto perché uno si aspetta di essere invaso da un'emozione fortissima, di commuoversi o ridere e invece è solo un colpetto, un calcetto o un gomitino che si agita, e dura un istante; è una cosa troppo breve perché ci sia il tempo di allevarvi dentro un sentimento. Eppure niente non è. È come un segno, una minuscola pietra miliare che traccia un prima e un dopo. Nei giorni seguenti, i calcetti diverranno un'abitudine. Sentito il primo, gli altri giungeranno scrosciando.

Il primo vagito di un rapporto tra padre e figlio che prescinda dalla madre si manifesta in questo periodo. Mettiamo caso che lei dorma. Una situazione non inconsueta. Quatti quatti allungate la manona sul ventre della bella addormentata e vi mettete in attesa. Tac! Un piedino calciante vi farà sapere che esiste. Tic! Gomitatina cattiva in faccia al mediano avversario. Toc! Tuc! Due ghiribizzi in rapida successione e può darsi che stia sforbiciando alla giggiriva. Tutto questo mentre lei ronfa ignara. E se vi arrischiate a spingere (delicatamente) sul piedino, la costolina, il braccino che emergendo frastaglia il pancione, quello probabilmente risponderà ritirandosi o ritornando a colpire, quasi a disegnare lo scheletro minimo di un gioco. Perché dopo i colpetti, capiterà di vedere quel lago intonso che è il pancione percorso da improvvise presenze saettanti, come quando le dita di un mago accarezzano dalla parte invisibile un foulard disteso verso il pubblico. Sulle prime il bambino si manifesta così, un po' come Nessie, il mostro di Lochness, come la pinna dello Squalo, uno, due, tre e quattro. Una cosa che fa anche un po' impressione, ma che è utile a spazzare il campo da ogni residua astrattezza.

La lezione di questi primi avvistamenti è importante. Niente accade di colpo. Tutto, sempre, è un processo. Sentire per la prima volta un bambino che si agita nel ventre della madre è un'emozione, ma è un'emozione incompleta. È un evento troppo concreto per dare una forma alle ansie e alle gioie inespresse che si sono depositate nei mesi precedenti. Si rimane un po' basiti, ecco tutto. È nel ripetersi di quell'evento, nel suo confermarsi e addizionarsi a stimoli visivi (un minimo movimento che spunta all'altezza dell'ombelico) e tattili, che la sensazione della paternità prende forma, poco a poco, mano a mano. Non esiste, cioè, una sensazione vera e propria, un momento a partire dal quale si acquista coscienza che si sta per diventare padri. Il fatto è che ogni sensazione, ogni emozione hanno sempre in sé un che di incompiuto. Sono sempre in attesa di prove inoppugnabili. Quella che si fa strada senza fretta è una verità, un dato di fatto, un processo che bisogna disporsi ad accompagnare e ad accogliere mutando tattica senza cercare di fotografare le proprie emozioni. La vita non si può stivare in un album di fotografie. I ricordi sono ricordi solo quando sono passati. Prima di allora sono fatti e processi.

# APRIRE GLI OCCHI
## *Come vede nei primi mesi?*

*1 settimana*

*2 settimane*

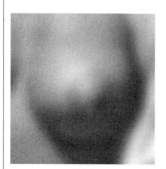

*1 mese*

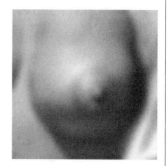

*2 mesi*

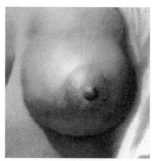

*4 mesi – 80 anni*

Siamo giunti all'ottavo mese. Il piccolo può nascere da un momento all'altro e siamo qui a parlare di vissuti e sensazioni. Vergogna. Intorno alla trentaquattresima settimana i polmoni del pupo iniziano a produrre surfattante, la sostanza benedetta grazie alla quale una volta nato potrà respirare, trasformandosi senza traumi dal pesce che è nel mammifero che sarà. Nel corso dell'ottavo mese avvengono altri eventi degni di nota. Il bambino cresce di peso a un ritmo nuovo e forsennato: 250 grammi alla settimana, raggiunge una lunghezza di 45/50 centimetri e il battito cardiaco all'impazzata oscilla tra le 120 e le 160 pulsazioni al minuto e aumenta quando si muove. Da questo momento in poi el Niño dorme meno e si muove come un grillo, i suoi testicoli scendono nello scroto se è maschio, la vaginella rimane quieta quieta se è femmina, le ghiandole endocrine lavorano come broker durante un lunedì nero a Wall Street.

È il periodo in cui l'attesa sembra finita, ma non lo è. Lei è gonfia come una mongolfiera, pesante come Madre Terra, esausta come Abebe Bikila dopo la maratona olimpica di Roma. Il padre è un'ombra che si aggira per casa aspettando che avvenga qualcosa. Può darsi al bricolage e preparare la camera del figlio, oppure risparmiare forze e movimenti imitando un animale in letargo, conscio che delle energie che non spende ben presto ci sarà un gran bisogno. È in questo periodo che la donna deve fermarsi. Se lavora (ed è assunta) può andare in maternità. In ogni caso, quasi sempre, non può stare in piedi per troppo tempo e deve limitare gli sforzi in casa. In più fa fatica a dormire per via del pancione e delle ansie che le si affollano in testa. Verso l'ottavo mese il bambino è un peso anche nel senso letterale della parola. Per questo si dice "sgravarsi". In queste condizioni è difficile rimanere ad aspettare. C'è un mucchio di cose da fare.

Qualcuno dovrebbe scriverla, prima o poi, una teoria dell'attesa ben fatta. L'attesa è una specie di guscio, un ventre in cui trovano posto le emozioni ovattate. Uno stato in cui la noia è padrona, ma è più tollerabile perché prelude a un evento. L'attesa si consuma come una candela e gli esseri umani sanno capire quando sta per finire. In questi momenti aspettare diventa diverso, un'agitazione frenata, un annuncio ancora tra i denti, una stella cadente che precipita nel buio e che trascina nella corsa stati di agitazione febbrile e anestesie autoimposte. In ultimo, l'attesa non è più neppure attesa di qualcosa. Si attende semplicemente che l'attesa finisca. L'attesa è il tempo incinta.

Altra divagazione. Mentre si intellettualeggiava, il bambino, rottosi i testicoli ormai nello scroto, potrebbe avere deciso di venire al mondo prematuro. Se non l'ha fatto (se l'ha fatto ci scusiamo con i lettori) siamo giunti di fronte a quell'eterna pianura che è il nono mese. Un periodo durante il quale non succede nulla, né fuori, né dentro. Preparandosi a venire al mondo, anche il bambino a un certo punto capisce che è ora di tirare il fiato, di risparmiare le forze. Si muove di meno, per esempio, e si dedica a migliorare l'attività cerebrale e gli organi di senso, si fa la ceretta (perde in parte la peluria) e ingrassa, ossifica le parti dello scheletro ancora molli (ma non fa in tempo a completare l'ossificazione del cranio che alla nascita presenterà due "fontanelle", due zone molli, una davanti e una sulla nuca, inermi come gattini e preoccupanti come pericoli). Nell'ultimo tratto della gravidanza si riposa anche l'ospite. Stancamente aumenta di peso e di altezza. E mielinizza (dà gli ultimi ritocchi al sistema nervoso centrale) in modo indolente. Un processo che giungerà a completamento soltanto dopo anni di vita. Se già non l'ha fatto, si gira. (Ma quattro su cento non lo fanno proprio.) Mette la testa all'imbocco dell'utero e aspetta che qualcosa, qualcuno, gli imponga di nascere.

# Pagnotta al latte

*Ecco l'odore. Sapeva di pagnotte appena sfornate. La sua cacca profumava di forno notturno. Come aveva fatto a non pensarci prima? Erano giorni che il bambino lasciava intorno ai suoi quaranta giorni di vita la scia di un odore conosciuto e sfuggente. Un odore che sapeva di latte e di buono, ma che non era mica facile da dire. Non era quello di una brioche, né quello di un buondì, non aveva nulla a che fare con il latte condensato, né con le fette biscottate. Non era un odore dolce. Eppure gli ricordava qualcosa di così intimo che il periodo in cui affondava le radici doveva per forza risalire all'infanzia; e siccome nell'infanzia le cose buone sono cose dolci, come poteva essere buono, ma non essere dolce, l'odore del suo bambino?*

*La risposta gli venne in mente così, come vengono in mente le parole che non si ricordano più (il uhm mestolo, la ehm credenza, il mmmmmmm pelapatate), come quei suoni che hanno perso per strada i loro significati, come quei significati che non trovano più da appoggiare i piedi sulla loro parola. Quei suoni – Come si chiama quel? Come si dice quando? – che scompaiono e se ne ritornano fuori un bel giorno, senza squilli di tromba e angeli festanti, come se si fossero addormentati sulla lingua degli esseri umani. Ecco: l'odore che emanava la cacca del suo bambino era quello delle pagnotte appena sfornate. Si trattava probabilmente di pagnotte al latte, ma non poteva giurarlo.*

# Consuoceri in azione

Dimmi quando tu verrai,
dimmi quando quando quando
Tony Renis

La mamma di Maria si chiamava Anna («My name is Anna, sant'Anna») e ha fatto pure la modella per un quadro di Leonardo. Il padre di Maria si chiamava Gioacchino («My name is Gioacchino, san Gioacchino»). Abbastanza facile. Domada più difficile: come si chiamava la mamma di Giuseppe? E suo padre? Nessuna risposta. Il silenzio millenario sui nomi dei nonni paterni di Gesù di Nazareth dimostra una verità di cui è bene rendersi conto al più presto. Il padre moderno è tenuto a sapere che i suoi genitori, ovvero i nonni paterni, contano pochissimo. Una verità che, riferita alla nonna paterna, comporta spesso una serie di disagi di cui è bene comprendere l'origine in modo da gestire la questione con saggezza e senso di equità.

Non si tratta di una problematica oziosa e trascurabile. La questione del peso politico dei nonni rispetto al nipote (o alla nipote) è decisiva. L'arrivo di un bambino scompagina a tal punto l'equilibrio tra le famiglie di origine da sconvolgere spesso anche il rapporto tra il futuro padre e sua madre (la nonna paterna) e l'armonia stessa all'interno della coppia. Per avere i primi segnali dei guai che possono abbattersi, bisogna attendere l'approssimarsi del lieto evento.

Quando il fidanzamento diventa serio, le famiglie si incontrano: fanno amicizia, si guardano in cagnesco, si azzannano, si studiano, si piacciono: fanno un po' quello che gli pare, il punto non è questo. Il punto è che ogni loro relazione, la pace e la guerra, passano attraverso di te e attraverso di lei e attraverso di voi come coppia. Il centro del rapporto tra i suoceri è, sempre, cioè, il bene dei figli. Accreditarsi rispettivamente come "Genero d'Italia" e come "Miss Nuora" aiuta, ma non è in nessun modo sufficiente a evitare fastidi. Quando si aspetta un bambino questo gioco cambia. All'inizio in maniera invisibile, poi in maniera lampante.

Un bel giorno, verso il settimo o l'ottavo mese, ti accorgi che gli sguardi di tua madre ti passano attraverso, che le parole della suocera aleggiano un metro sopra la tua testa, che il padre di lei ha l'aria di cercare qualcosa che non sa bene che cosa sia. Nell'aria, semplicemente, aleggia l'erede. Che inizia a depositarsi nelle coscienze di ognuno non più come feto intuibile, ma come bimbo imminente. Tra le nonne inizia a questo punto una trattativa segreta, raffinatissima, di cui pochissimo è detto esplicitamente e quasi tutto è lasciato capire. È un po' come assistere alle schermaglie tra Metternich e Tayllerand per mettere le mani sul Granducato di Lussemburgo, come vedere il direttore sportivo della Juventus che tasta il terreno per comprare un terzino. Si entra, cioè, nei codici della politica. Perché? È avvenuto semplicemente che il centro dei rapporti si è spostato. Non si tratta più del bene dei figli, ma del possesso del nipote. E del diritto a goderne in futuro.

È una rivoluzione e, a volte, una catastrofe. Il punto critico per il futuro padre risiede nel mutamento di rapporti tra sua madre e la madre di suo figlio. Procediamo per casi tipici: tua madre e la tua ragazza vanno d'amore e d'accordo. Si fanno regalini e confidenze. Essere al centro di tanto amore non è affatto male. Quando la ragazza rimane incinta le due intensificano i rapporti. Tutto sembra immutabile. Ebbene, con tutta probabilità, all'approssimarsi della data del parto e poi con l'avvento del

# LA FACOLTÀ DI NON RISPONDERE

*A che cosa pensa un neonato? Risponde, come fosse un neonato, il dottor Stefano Benzoni, neuropsichiatra in Milano*

Stevdb nslyzzx parfebd kvolsn. La supercazzola si fa così: voi dite parole che non esistono con la stessa sicurezza di chi parla la vostra lingua. Gftr mil uid doei. Io mi considero una vittima un po' speciale della supercazzola. Ogni verso che faccio c'è qualcuno pronto a interpretare. Molti tra noi neonati pensano che sia colpa di quel signore austriaco che incominciò a tirar fuori storie sull'inconscio e il Superio. Lksdc klmfd we poty ow.

Se dopo aver trangugiato tonnellate di latte mi annichilisco stordito sulla mammella è perché credo di essere tutt'uno con il divano (cioè con la mammella). Mi ci vogliono sei mesi per capire di non essere il divano e quando me ne rendo conto, addio felicità, benvenuto nel mondo dei tic e delle manie, e nell'anticamera dell'analista (il quale poi per guarirti ti chiede di riannichilirti su un divano).

Provate voi a bere una quantità di latte pari a un decimo del vostro peso. Provate a disporre di una mammella grande quanto voi. I seguaci di Sigmund mi hanno trasformato in un piccolo genio che sa, vede, giudica, fa e disfa. Una certa Melania Piccoli sostenne che nel collassare sulla suddetta mammella noi tutti siamo in bilico tra un devastante senso di colpa per aver consumato la mammella, e un'altrettanto devastante rabbia per non essere stati nutriti abbastanza. Sdi pfii fi psfi... Psii psffi pffiiiii. Scusate un colpo di sonno.

Qualcuno ha preso queste cose sul serio. C'è addirittura chi interpreta l'atteggiamento dei gemelli in utero attraverso le ecografie. Da come ti muovi, ti giri e ti rivolti si capisce già se tuo fratello gemello ti starà sul cazzo oppure no.

Mentre ancora galleggiavo, né felice né triste, nella mia urina già interpretavano. Quelli più giovani non credano d'essere al sicuro: allo scoccare della ventesima settimana gestazionale (soli 5 mesi) potreste trovarvi regolarmente iscritti all'Università-Prenatale. Non è uno scherzo. Esiste veramente. Non c'è il numero chiuso. L'ha inventata tale Van de Cam, nel 1988 allo scopo di "creare un'interazione precoce tra genitore e bimbo in utero e favorire processi di apprendimento associativo per promuovere lo sviluppo psichico del feto". Se arrivate indenni alla 32esima settimana nel programma di studi entrano anche lingue e musica. I risultati, giurano i docenti, sono eccezionali. Denti che spuntano in anticipo, poppate voraci con la madre, riconoscenza ai padri (quando noti). Niente a che fare con quegli zotici che son rimasti nove mesi a bighellonare in solitudine.

Forse, avessi fatto anch'io l'università, sarei meno ingenuo. Eppure non sono sicuro che i giochi che copro di saliva per poi estrometterli dai confini confusi dell'Io, li abbiano scelti davvero per me. Ma non è il caso di sottilizzare. Non vedete anche voi che bei sorrisi che fa? E noi lì, assediati, ci arrendiamo come si fa più tardi nella vita davanti a quei poster pubblicitari enormi. Ogni nostra azione trova qualcuno pronto a cimentarsi in quel particolare gioco per adulti che si chiama "neonato che gioca e si diverte" e che invece dovrebbe configurare il reato civile di "attribuzione indebita di intenzionalità a fini narcisistici". Tutto quello che vi posso dire ora, non potendomi avvalere della facoltà di non rispondere, è «non ricordo». Ma cosa c'è di male? Non so quand'è che sbarcai davvero da questo cullarmi sulle banchine della coscienza. Non ricordo il divano che credevo fosse me, ma poi era una tetta, non ricordo di aver guardato per la prima volta mia nonna paterna e di averle vomitato sul cachemere. E non ricordo nemmeno Mozart (quel che restava di lui, attraverso centimetri di strati cutanei forse selezionati dall'evoluzione proprio per proteggermi da ogni indebita ingerenza esterna). Taricone aveva firmato un contratto. Aveva un confessionale dove poter dire: «Jksdiu fvihes grgg guutt gzz». Per noi è andata diversamente. Qualcuno deve averci calunniato – kafkfka jsf k – perché senza che avessimo fatto alcunché di male, una mattina ci trovammo in una culla.

pupo i loro rapporti cambieranno. Il centro gravitazionale non sei più tu, è il tuo bambino. Esempio opposto: le due si detestano. A tua madre non è mai andata giù che le preferisci quella sciacquetta viziata. Alla notizia della gravidanza continua con dignità nel suo ostracismo. Ecco però che mentre si avvicina il parto e poi l'avvento del pupo i loro rapporti cambiano lo stesso. La suocera comincia a dimostrarsi più gentile e comprensiva, perfino più affettuosa, verso la nuora. Cerca, cioè, di lisciare la madre di suo nipote per guadagnare *in extremis* potere sulla creatura che sta per venire alla luce. Al centro del rapporto tra suocera e nuora non c'è più il bambinone, ma il bambino. Un mutamento gravido di conseguenze psicologiche. Comprenderle è importante.

Prima della gravidanza la nonna materna poteva contare sul possesso sicuro di un figlio preso a nolo da una donna più giovane. Poteva accettarlo o no, ma la sua era oggettivamente una posizione di forza. Con la gravidanza la nonna materna in mano non ha più niente. Deve conquistarsi il diritto a noleggiare un nipote che è invece, sicuramente, di proprietà di una più giovane. La situazione, come vedete, è ribaltata. I rapporti di forza, come notate, sono cambiati. E il bambino non siete più voi. Naturalmente questo è solo uno dei quadri possibili. Ne esistono a decine. L'importante è essere preparati. Perché riuscire a interpretare le improvvise tensioni, le lamentele vicendevoli che sorgono alla nascita, rende più facile tenere sotto controllo la situazione, almeno quel tanto che basta da far sì che non degeneri.

Accenniamo in breve a un altro cambiamento: quello tra il padre novello e i genitori di lei. Spesso, assicurano, i suoceri si conducono nei confronti dell'inseminatore con tutta la gentilezza, la gratitudine e la condiscendenza che si riservano ai donatori di organi, di generosi lasciti in beneficenza e di sperma. Il fecondatore diventa, quasi a tutti gli effetti, uno di famiglia. Il nonno si sforza di superare la nausea che gli provoca l'idea delle tue rozze dita sul corpo di sua figlia. Per celebrare in qualche modo il compimento di questo passaggio a volte si spinge a parlare di sesso al genere, un tentativo lodevole, ma – è inutile dirlo – imbarazzante. Mamma suocera pensa viceversa a nutrire. Il tuo dovere l'hai fatto, in fin dei conti, regalandole il più bel bimbo del mondo. Se ti considerano una persona all'altezza, sarai l'orgoglio della famiglia. Se ti considerano poco, il piccolo assumerà il ruolo delle armi nucleari durante la Guerra fredda. Tutto rimane immobile per paura del peggio: per i nonni il terrore è togliere al nipote un padre necessario, per il padre necessario rinunciare a nonni comodissimi. Se non si sa con certezza che il bambino da grande verrà assunto con un contratto da Re Sole è meglio evitare questo quadro. In tutti questi casi resta il fatto che il maschio si sente un mezzo e non più un fine.

Abbiamo insistito sui rapporti tra suocera e nuora perché è questo l'anello più a rischio. Fino a che non ci sono bambini le consuocere sono alla pari. Ognuna detiene il 50 percento delle azioni della Coppia Srl. Con la nascita di un bambino le azioni della madre della madre schizzano al 70 percento e la madre del padre si ritrova in mano un misero 30. Non deve essere piacevole. Ma è così. Checchésenedica, checchésiblateridiparità, il bambino è sempre più figlio di sua madre che di suo padre. Farsene una ragione è tra i primi doveri del padre modello. Acquistare consapevolezza della minore importanza, almeno nei primi anni, della nonna paterna è altrettanto necessario. Senza questo implicito riconoscimento, senza questa pubblica rinuncia, tutto sarà più difficile.

Anche perché tra le consuocere una elementare e spontanea forma di divisione dei compiti opera da subito. La nonna paterna tende a sfogare la propria frustazione e ad affermare la propria importanza attraverso la carta di credito. È più spesso per merito suo che arrivano culle, scarpine, seggioloni, pupazzi, pupazzetti, pupazzini, vestiti, tutine, bavaglini, calzine, body, magliette, carrozzine, fasciatoi, piccoli accappatoi, asciugamanini, ciucci, berretti, palline, giochini, animaletti di plastica, giacche a vento e non vogliamo farvi perdere tempo per completare l'elenco. È incredibile quanti oggetti per neonati si aggirino nella nostra galassia. La casa viene inondata a un ritmo inimmaginabile. Un ritmo disperante: è la vostra eredità che va in fumo. La nonna materna piazza qualche acquisto, più che altro per puntiglio, concentrandosi su oggetti assolutamente necessari. Può attendere con calma l'evento come un ragnone cotonato. Sa benissimo che durante il parto, e poi nei mesi successivi, la figlia chiederà consiglio a lei e solo di lei si fiderà veramente.

Messi insieme i regali della nonna paterna e quelli della nonna materna, accatastate le eredità dei cuginetti e gli omaggi di amici e colleghi, osservato il mucchio da una certa distanza e fatto a mente l'inventario di quello che c'è e di quello che manca, si trova finalmente la soluzione a uno dei misteri più fitti della civiltà occidentale. Un mistero che si affaccia alla mente negli anni del catechismo e che poi si dimentica, ma che ci si porta nella tomba. Gasparre, Baldassare e Melchiorre, seguendo la stella cometa, giunsero finalmente a Betlemme dove in una grotta vagiva il bambin Gesù. I tre Re Magi erano carichi di doni. Portavano in particolare oro, incenso e mirra. Ora: mentre oro e incenso sono regali un po' inadatti per un neonato, e non molto fantasiosi, ma comunque comprensibili, il problema è: che cos'è la mirra? Non potevano portare un pagliaccetto o una tessera sconto per i pannolini? La verità – l'unica soluzione plausibile al mistero – è che i tre Re Magi dopo lunga consultazione fecero una pensata: la mirra (un'essenza profumata del tutto inutile, ma costosissima) era l'unica sostanza al mondo che sicuramente il bambino non aveva ancora ricevuto, l'unico oggetto che la madre di Giuseppe (come si chiama quella benedetta donna?) non poteva proprio avergli comprato.

# Annunciaziò, annunciaziò

*In sogno incontrò un suo vecchio compagno di liceo. Si chia-*
*mava Visentin, Gabriele Visentin. Era grasso, flaccido e vi-*
*scido (non lo odiava per questo). Diceva di essersi fatto le*
*più fighe della scuola (lo odiava per questo). Da grande vo-*
*leva fare il console. La strada in cui lo avvistò era una stra-*
*da della sua città, solo che in mezzo ci scorreva il fiume Hud-*
*son che di solito sta a New York City. Gabriele lo salutò con*
*la lingua bifida: «Ehi, chi si vede, parlavamo di te l'altra se-*
*ra, io e l'Edoarda. Te l'hanno detto, vero, che sei incinto?».*
*Rimase interdetto. Nella vita reale lo aveva sempre te-*
*nuto a bada con la sola mano sinistra, nel sogno invece era*
*impaurito, non sapeva reagire. «Come incinto, Visentin? È*
*già nato mio figlio. Non lo senti che si agita nel sonno?» Ef-*
*fettivamente nel lettone la creatura borbottava le sue coli-*
*chine come un vecchio lamentoso. «Non sottilizzare, colle-*
*ga. Sono qui per annunciarti che niente sarà più come pri-*
*ma, che tuo figlio è speciale, che dovrai sopportare, subire,*
*accettare, perché è troppo più grande di te ciò che hai mes-*
*so al mondo, e tu sei solo rotella, collega, ingranaggio, spin-*
*terogeno. Tutto ciò che puoi fare è accompagnare la sua cre-*
*scita, conscio dei tuoi limiti. Sei stato incaricato.» «Incari-*
*cato di che cosa, dimmi di più, che cosa attende mio figlio?»*
*«Non posso dirti di più, ragazzo mio, questo è quanto sono*

stato incaricato di dirti.» Poi sbatté le ali nascoste sotto il Monclair da paninaro e volò via, scomparendo dietro un palazzo. Madonna, quant'era pessimo.

Si svegliò di soprassalto, sudato e sconvolto. Un arcangelo Gabriele così era un insulto alla civiltà. Guardò l'orologio, le sei e tre quarti, la luce penetrava dal mare nella camera da letto. Osservò il bimbo che dormiva. Aveva due mesi. Non sapeva nulla di lui. Poteva diventare pontefice, per l'età che aveva, oppure suonatore di triangolo o maratoneta o lavapiatti. Poteva fare il ballerino, l'operaio, fondare religioni o diventare giardiniere. Era così piccolo disteso su un fianco, appiccicato al corpo di sua madre, tormentato nel sonno, già a due mesi, da chissà quali sogni, viveva, dormiva, esisteva. Guardarlo era un naufragio. Gli sembrava che nessuno mai nel mondo e nel tempo potesse essere stato più bello di lui in quel momento. Ripensò a Visentin. A quindici anni era iscritto ai Giovani repubblicani. Che andasse pure a farsi fottere, lui, il suo annuncio e i Giovani repubblicani. Accarezzò la pancia di suo figlio e quello nel sonno sorrise che divenne meraviglioso.

# I dannati dei corsi preparto

Non più cagafigli,
bensì dolce e caparbia
cagatrice dei tuoi figli.

ELIO E LE STORIE TESE
*Essere donna oggi*

Che vengano pure avanti, non faremo rappresaglie, gli approntatori dei metodi più seguiti nei corsi preparto oggi in voga. Avanzi il dottor Frederick Leboyer il quale teorizzò che durante il parto bisogna garantire il neonato, più che i genitori. Il metodo che porta il suo nome è tutto una luce soffusa, un profluvio di arpe – *pling pling* – e di cascatelle di acqua tiepida.

Quel signore che se ne sta in disparte a leggere l'ultimo libello di Unabomber, è il medico francese Michel Odent. Il suo metodo si basa sull'idea che il dolore del travaglio sia dovuto, più che altro, a suggestioni di tipo sociale e culturale. Per questo, quando la partoriente riesce a raggiungere la propria "coscienza animale", il corpo di lei sprofonda in uno "stato biologico primitivo". Odent vieta l'uso di antidolorifici, ma offre assoluta libertà nella scelta della posizione; pare sia disposto a suonare di persona musichette rilassanti e permette a chi lo desideri (e in particolare alle sirene) di partorire in acqua.

Si alzi ora la dottoressa Sheila Kitzinger, autrice di una delle guide sulla gravidanza più lette nel mondo, comprate e vendute, ed esponga alla giuria (brevemente) il suo "metodo psicosessuale". Direbbe più o meno: «Signori giurati, padri e madri futuri, il mio metodo si fonda su antropologia e psicoanalisi. Ritengo che l'idea del parto sia il prodotto di pregiudizi culturali e di fantasmi inconsci. Per restituire alle donne una corretta visione di quello che dovranno fare, occorre dunque renderle consapevoli. Studino perciò il gergo di medici e ostetriche, apprendano come funziona l'ospedale in cui partoriranno e soprattutto si ficchino bene in testa, una buona volta, qualcosa sulla fisiologia del corpo femminile». Basta così, dottoressa Kitzinger, la giuria comprende.

Venga a deporre il professor Ferdinand Lamaze che diede vita a Parigi al primo centro di "preparazione psicoprofilattica al parto senza dolore". Correva l'anno 1953. Due anni dopo, l'esperimento venne replicato a Milano, dove nacque il primo centro italiano di "preparazione psicoprofilattica al parto". Deporrebbe: «Il mio metodo si basa essenzialmente sulla respirazione. Dando alle puerpere le informazioni basilari su ciò che avviene nel loro corpo quando si partorisce un bambino e insegnando loro come controllare, attraverso la respirazione, l'attività della talpa che hanno in corpo, si ottiene l'effetto di ridurre drasticamente il dolore». Si fermi, dottor Lamaze. Non ha detto che il suo metodo è stato messo a punto in Russia sulla scorta degli studi dello scienziato sovietico Anton Pavlov sui suoi cagnacci bavosi. Si sappia, dunque, che la psicoprofilassi si basa sulla teoria dei riflessi condizionati e si scelga di conseguenza.

È il turno del dottor Umberto Piscicelli che negli anni settanta, perfezionando la cosiddetta tecnica di Schulz (niente a che fare con Charlie Brown), propose al mondo il training autogeno respiratorio o RAT. Si tratta di insegnare alle donne incinte un metodo per rilassarsi, per respirare e per controllare i muscoli nelle varie fasi del parto. Il tutto avviene evocando ricordi, vissuti personali, sensazioni che durante il corso vengono sottoposti ad analisi psicologica. Anche in questo caso il risultato dovrebbe essere quello di tenere a bada il dolore.

# MAMMA MIA, CHE PANCIA
## *Le donne lievitano come palloni aerostatici*

Un inizio di pancia compare verso la dodicesima settimana, quando svaniscono le nausee. Verso la ventesima, l'adrenalina prende a rallegrarla e a infonderle ottimismo. Intorno alla trentesima il peso della pancia inizia a farsi sentire e i suoi movimenti a essere sempre più impacciati. Avvicinandosi alla quarantesima non ne può proprio più.

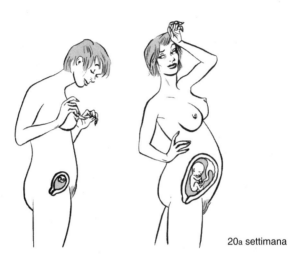

12a settimana

20a settimana

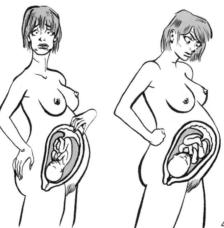

30a settimana

40a settimana

Più laico l'approccio del metodo Dick-Read, il primo a ipotizzare la possibilità di un parto indolore. La ricetta è improntata a un certo buonsenso: si conversa con le gravide in modo approfondito su ciò che le aspetta, si offrono consigli su come reagire e si insegnano alcune tecniche di rilassamento e respirazione.

Questo per ciò che concerne i metodi messi a punto appositamente per questa storia di fare un figlio. Esistono poi le minestre riscaldate: tecniche di solito usate in altri ambiti che vengono riproposte, dopo le opportune correzioni, anche per aiutare le donne a partorire con il sorriso sulle labbra. L'ipnosi venne proposta per la prima volta addirittura nel 1922 e continua a essere praticata, qua e là. L'idea è che, sotto ipnosi, il parto venga vissuto quasi dall'esterno, come in un sogno. I corsi, a piccoli gruppi, iniziano intorno al settimo mese. I risultati ci sono, il problema è che la disponibilità a lasciarsi ipnotizzare varia da persona a persona e che i mesi di preparazione sono pochi. La sfilata non può non contemplare lo yoga, la tecnica orientale che per alcuni rappresenta la vera panacea "contro il logorio della vita moderna". Il difetto dello yoga: è una tecnica che in due mesi, ma anche in nove, è difficile da apprendere e quindi, a meno che non lo si pratichi da anni, è meglio lasciar perdere. Un discorso diverso riguarda l'agopuntura che può essere impiegata durante il travaglio per rendere più sopportabile il dolore e che sembra riesca ad accelerare i tempi dell'intera faccenda. Esiste infine un approccio più fisico che in Italia ha come madri fondatrici Sidney Rome e Barbara Bouchet quando eseguivano in tv esercizi di aerobica a beneficio di svariate paia di chiapponi. È ovvio che rinforzare i muscoli che verranno impiegati durante le varie fasi del parto e fare in modo che si presentino all'appuntamento più elastici, non potrà che essere utile. Esercizi di stretching, dunque, da eseguire in solitudine o con l'aiuto del marito (eccoci qui), sulla terraferma oppure in acqua, se fatti con serietà e continuità, sono universalmente consigliati. Anche se in due mesi non si possono fare miracoli.

La giuria si è ritirata per deliberare. Deliberate anche voi perché negli ultimi due mesi pochi padri che si vogliano davvero coscienziosi potranno sottrarsi al supplizio dei corsi preparto. È molto difficile, naturalmente, che nella scelta del metodo l'uomo abbia qualche voce in capitolo. Il corpo è suo e se lo gestisce lei. E quindi sceglie seguendo i consigli di altre donne. In realtà la nostra epoca difficilmente offre alternative drammatiche. In tempi di conclamata "morte delle ideologie" (qualcuno ci dica dov'è il cimitero che portiamo un fiore alle migliori), la maggior parte dei corsi fa un bel mischione dei metodi sopra descritti. Escluso lo yoga, agonizzanti gli approcci psicoanalitici, rara l'ipnosi, oggi si tratta più che altro di spiegare alle donne quello che sta per succedergli dentro, insegnandogli a rilassarsi e a respirare. Il tutto condito, appena appena, in modo abbastanza sciapo e salutista, da già avvizzite spezie new age.

Ai corsi preparto di solito funziona così: verso il settimo mese le donne iniziano ad andarci un paio di volte a settimana e alla sera raccontano ai loro uomini, se ne hanno voglia e se gli uomini non si addormentano, quello che hanno imparato. Il racconto dei fatti tecnici e degli esercizi eseguiti non è per niente appassionante. L'aspetto più divertente e più utile da mandare a memoria, almeno nella prima fase, riguarda le compagne di corso e le loro storie. C'è sempre la ragazza madre e quella obesa, quella che è tesissima perché non ha portato a termine sette gravidanze e spera che l'ottava sia quella buona, c'è quella vecchia e quella giovanissima, c'è quella che sembra simpatica e quella ossessionata da come smaltire il peso dopo aver partorito. È importante fare tesoro di queste informazioni per due motivi:

1) Riconoscere i personaggi è l'unico modi di divertirsi un po'.
2) Evitare gaffe imperdonabili è consigliabile.

All'uomo è permesso (o imposto) di intervenire a qualche lezione soltanto a partire dall'ottavo mese. Le cose sono messe in chiaro da subito: partorire è roba da donne, i maschi sono d'impaccio, se proprio vogliono partecipare sappiano che sono ospiti e si comportino in modo tale da non sembrare guardoni. Ricadiamo, cioè, in quell'indeterminatezza storica della figura del padre di cui abbiamo già parlato nel capitolo *Il padre è incerto* (pagina 49). Bisogna riconoscere che la donna negli ultimi trent'anni ha fatto passi da gigantessa. È riuscita ad affermare la propria virilità negli ambiti tradizionalmente maschili e a valorizzare la propria femminilità negli ambiti tradizionalmente femminili. L'uomo si trova così in una situazione curiosa: disertare le lezioni significa dare un segnale di disinteresse e di superficialità, presentarsi con il blocco degli appunti significa sembrare invadente e fanatico. La strada agibile è dunque molto stretta e va percorsa con la necessaria misura. Il modo più semplice per conseguire questo equilibrio è non sognarsi di avere un'attitudine attiva, ma farsi trascinare e limitarsi ad ascoltare e a osservare.

Ora occorre spazzare il campo da un dubbio fondamentale. Fondamentale e legittimo. Visto che i corsi preparto sono tenuti da donne per donne, perché un uomo dovrebbe accettare di andarci? Per i padri modello la risposta è semplice: è abbastanza utile e, a posteriori, perfino divertente. L'utilità sta tutta nell'apprendimento dei meccanismi fisiologici. La descrizione dettagliata di un parto minuto per minuto, delle sue varie fasi, delle eventuali complicazioni e dei dolori che provoca, aiuta a non farsi sorprendere al momento giusto. La verità è che durante le fasi del pretravaglio e del TRAVAGLIO, l'unico dovere e l'unica funzione del padre è quella del sostegno. In altre parole: NON DOVRÀ ASSOLUTAMENTE FARSI PRENDE-

# OCCHIO AGLI OCCHI
## *Mamma, papà e la comunione dei geni*

Detta brutalmente: da due genitori con gli occhi azzurri non può nascere un bambino con gli occhi scuri. Se a voi è successo, il bimbo non è vostro. Lasciano speranze tutti gli altri casi.

L'illustrazione mostra il perché. Esistono geni dominanti (occhi scuri) e geni recessivi (occhi chiari). Questo perché con un gene chiaro e uno scuro prevale il carattere scuro. In altre parole chi ha gli occhi chiari ha sempre due geni chiari, chi li ha scuri può averli entrambi scuri o uno chiaro e uno scuro. Se due genitori con occhi scuri possiedono entrambi un gene chiaro e uno scuro, gli occhi del bambino hanno una possibilità su quattro di essere chiari. Se un genitore ha gli occhi chiari e l'altro scuri (ma con entrambi i geni scuri), i figli avranno gli occhi scuri. Se un genitore ha gli occhi chiari e l'altro scuri (ma con un gene chiaro e uno scuro), ogni figlio ha il cinquanta percento di possibilità di avere gli occhi chiari.

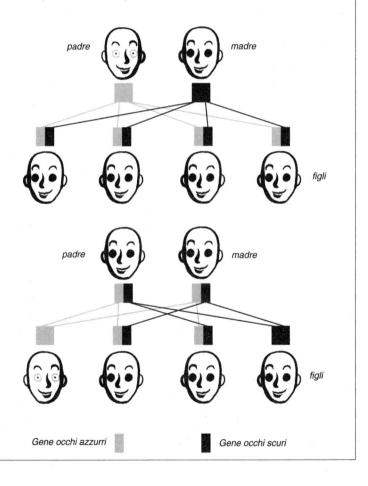

*padre* · *madre* · *figli*

*padre* · *madre* · *figli*

*Gene occhi azzurri* · *Gene occhi scuri*

RE DAL PANICO. Sapere prima quello che può succedere poi è, in questo senso, di grande aiuto. Serve a non soccombere al possibile panico di lei.

Ci si trova così in un grande stanzone, tutti giù per terra, con una decina di coppie sconosciute e altrettanti pancioni. La prima cosa divertente da notare è che, visti tutti insieme, i pancioni non sono affatto uguali. Ognuno ha il suo carattere. C'è quello spigoloso e quello ovale, quello che sembra la piramide di Cheope e quello abnorme. Inutile dire che il più bello è di gran lunga quello che sta al vostro fianco. Si sta scalzi e la visione dei calzini degli uomini è una cosa grottesca. Alcuni calzano quelli bianchi da tennis, altri pedalini cortissimi, i giovani manager sfoggiano calze luccicanti molto velate, statisticamente c'è anche chi ne indossa, per sbaglio o povertà, un paio bucato, se ne accorge solo al corso e accavalla i piedi per nascondere i buchi. Vi raccomanderanno di andarci in tuta. Per stare comodi. Non cedete perché rischiate di essere gli unici ad avere ubbidito. Le donne incinte sono quasi tutte bruttine, gli uomini in attesa sono anche peggio, ma nella sala aleggia tanto inspiegabile amore. I corsi preparto aiutano anche a ridimensionare il miracolo che vi sembra di vivere, a guardarlo con occhi un po' più obbiettivi. Fare un figlio non appare un privilegio e un colpo di fortuna, ma un diritto degli esseri viventi, brutti o belli che siano.

L'istruttrice (di solito un'ostetrica) fa l'accomodante, ma non lo è. Si avverte subito che è diffidente. Pensa che in queste faccende la presenza maschile sia inutile e perfino dannosa. Un pregiudizio malcelato, ma radicato come un baobab. Spesso c'è un che di anni settanta nell'atmosfera, odore di incenso e di tè allo zenzero, cuscinoni di foggia orientale per terra e foto in bianco e nero alle pareti. «Inizierei con un giro di presentazioni. Vorrei che ognuno degli uomini dicesse il suo nome e spiegasse agli altri perché ha deciso di partecipare» dice la presentatrice, del tutto a suo agio a gambe incrociate, mentre a te inizia a serpeggiare il mal di schiena e ti senti goffo perché le gambe non si piegano come dovrebbero e se lo fanno è a prezzo di dolore. Gli uomini, poveretti, fanno del loro meglio. Qualcuno tenta la via della spiritosaggine, fa un po' lo scanzonato, la maggior parte risponde frasi fatte per fare credere di essere una brava persona e un sincero democratico. La domanda, ovviamente, è idiota. Uno è lì un po' perché deve esserci, un po' perché è curioso di sapere e di imparare. Punto. Solo che quella incalza: «Hai intenzione di assistere al parto? Se sì, perché?». Altro giro di balbettii e spiritosaggini e si arriva alla domanda più stupida: «Pensi che sia utile partecipare a questo corso?». Fallo 'sto corso e poi ti rispondo, imbecille. Le ragazze sono prodighe di sguardi teneri verso i loro arrancanti compagni e anche un po' imbarazzate. I pancioni se ne sbattono alla grandissima.

Finito il supplizio inizia la lezione. La descrizione di ciò che attende gli esseri umani in attesa di un figlio verrà data in modo dettagliato nel prossimo capitolo (intitolato *Il parto. Spinga, signora, spinga*). Ci limiteremo qui a dire che la parte teorica di ogni lezione è quella migliore perché quell'evento ancora astratto e un po' terrorizzante che vi aspetta al varco inizia a essere immaginato concretamente. Gli uomini sono estremamente riservati in materia di sentimenti e di emozioni. Nessuno che abbia assistito a un parto ti racconta il meccanismo, il susseguirsi degli eventi, se non velocemente e in modo sommario. Se i maschi mostrassero nei confronti del parto lo stesso fluviale bisogno di dire che li attanaglia quando tornano da militare, tutto sarebbe più facile. Un bisogno che invece hanno le donne le quali, appena possono, anche a distanza di decenni, tornano a raccontare, come se si trattasse dello sbarco sulla Luna, il momento in cui si sono rotte le acque, il dolore pazzesco che hanno provato («Ma è incredibile come te lo dimentichi subito»), la prima apparizione del bambino e i tentativi di quest'ultimo di raggiungere il capezzolo. Il parto per le donne è il militare per gli uomini. La rottura delle acque rappresenta il Car, le contrazioni le guardie e l'espulsione il congedo.

Nella prima parte di ogni lezione fioccano le informazioni utili. Da cosa si capisce che il momento è arrivato? Quante ore si hanno davanti prima che quello esca a prendere una boccata d'aria? Quando inizia il travaglio vero e proprio? Quando bisogna andare all'ospedale? Che si fa durante l'attesa? Che mosse fa l'uomo rana? Che cosa ti fanno in ospedale? Com'è fatta una sala parto? Che cosa vuol dire e quando avviene la rottura delle acque? (Chi non stesse nella pelle voli al capitolo *Spinga*.) La delusione è che non esiste uno schema valido sempre. Il Consiglio d'amministrazione si è sbizzarrito. E così mettono in chiaro che ogni parto è diverso dall'altro, che ogni partoriente sente e manifesta il dolore a modo suo, che il tutto può durare ventiquattr'ore come mezz'ora, che il bambino può essere in posizione perfetta, ma con il cordone ombelicale intorno al collo, senza cordone ombelicale intorno al collo, ma in una posizione assurda, che può essere pigro o assatanato, esattamente come la madre. Il risultato è che dopo un'ora si esce con un futuro immaginabile in testa, ma così zeppo di varianti e di sorprese da risultare quasi inconcepibile.

La maggior parte delle parole dette e delle spiegazioni date ruota intorno al dolore, il problema dei problemi. Si discute della possibilità e dei rischi dell'anestesia che si chiama "EPIDURALE" oppure "PERIDURALE" (chi tiene il corso di solito è contrario) e del "parto in acqua" (chi tiene il corso di solito è contrario), soluzione vagheggiata dalle coppie da cui te lo aspetti. Il motivo per cui l'epidurale è scoraggiata è di tipo ideologico. Il concetto è che si partorisce da migliaia di anni senza anestesia; che grazie alla respirazione il dolore è sopportabile; che introdurre nel corpo sostanze anestetizzanti non fa bene al bambino (ma su questo punto le istruttrici sono molto molto vaghe perché la cosa non è affatto dimostrata). Il motivo per cui il parto in acqua è spesso scoraggiato è invece di tipo ideologico: il bambino deve passare dall'acqua all'aria, perché ritardare questo passaggio? Si è sempre fatto così. E quindi...

La riprova che queste posizioni si debbano a una certa attitudine salutista si ha durante la seconda parte della lezione quando l'istruttrice, armata di mangianastri, passa a istruire le prepartorienti, i loro compagni e i loro pancioni sull'arte di stare nel proprio corpo. Il mangianastri diffonde d'intorno armonie approssimative di pianoforte e pianola, con vago contorno di arpe e flauti di Pan. Roba fatta in casa da qualche vecchio hippy olandese reinventatosi musicista dopo una vita passata a farsi canne. Si parte con la ginnastica per poi elevarsi agli esercizi spirituali. Ecco che le gravide si mettono a quattro zampe con il pancione che penzola all'ingiù fin quasi a sfiorare il parquet. I rispettivi ganzi vengono incoraggiati a porsi in ginocchio dietro di loro e ad apporre le palme delle mani all'altezza dei reni delle rispettive compagne per spingerli e scaldarli, delicati come attori porno convertiti al cristianesimo. La visione è grottesca. Incongrui si stagliano, su quel sottofondo musicale, dieci donne a carponi con dieci uomini inginocchiati alle spalle. Lo scopo è aiutare le partorienti a rilassarsi nelle ore che precedono il travaglio, quando questi giochetti saranno assolutamente impensabili. Sono previste anche variazioni sul tema. Le donne si inginocchiano e i mariti seduti a gambe larghe fanno loro da schienale con il busto, e da braccioli con gli avambracci. Con le mani, però, teneramente "sentono" il pancione.

Accontentata l'istruttrice, data prova di partecipazione, si passa agli esercizi di respirazione e qui la presenza maschile sfiora il parossismo. La maestra alza il volume della musica – *pling pling* – e invita le signore a sdraiarsi su un fianco, gli uomini invece supini (a pancia in su) probabilmente per controllare se a qualcuno di loro scappa da ridere, il che accade. «Chiudete gli occhi ora, inspirate... espirate... sentite il vostro corpo (*pling pling*) sprofondare... inspirate... espirate... (*pling pling*)... abbandonate i pensieri... lasciatevi andare... inspirate... espirate... (*ploooong*)... inspirate... espirate... inspirate... inspirate... inspirate...» Alcuni uomini dormono il sonno dei giusti, qualcuno russa, altri contraggono i muscoli del volto in smorfie orrende per trattenere quella risata abnorme, sonora, felice che sembrava svanita per sempre ai tempi delle medie. La pantomima si protrae per una mezz'ora. Una mezz'ora nient'affatto piacevole. *Pling pling.*

# Grande quanto Madre Terra

«*Se un essere umano crescesse per tutta la vita al ritmo dei primi tre mesi di vita, a settant'anni raggiungerebbe il peso del pianeta Terra.*» *Bestiale. Così bestiale che accelerò la corsa della carrozzina. Brum bruum bruuuuuuum. Il padre spingeva, curvava, svoltava, il bambino rideva. Aveva due mesi e due giorni e rideva di già. Era cresciuto. Alla nascita pesava 2,240 chilogrammi, adesso era arrivato a 4,870 chilogrammi. Praticamente il doppio. Calcolò che era come se in due mesi lui fosse arrivato a pesare 180 chili.*

*Gli venne in mente il* Guinness dei primati 1978 *che da bambino aveva letto e riletto fino a consumarne le pagine, morbosamente attratto dai casi umani di cui era zeppo: l'uomo che aveva avuto il singhiozzo per vent'anni, il signore svedese che sapeva ottantotto lingue, il bambino che era caduto in un lago ghiacciato e ci era rimasto dieci ore, ma poi si era salvato. E dalle pagine del* Guinness *saltò fuori il ricordo della fotografia di un uomo gigantesco, il più alto del mondo, Robert Wadlow si chiamava, se lo ricordava ancora, altezza 2,72 metri, la didascalia diceva che aveva iniziato a crescere a un ritmo forsennato a dodici anni per una malattia delle ghiandole. Terrorizzato, buttò un occhio all'infante e vide che aveva gli occhi chiusi.*

*Evidentemente il movimento della carrozzina lo rilas-*

sava, il roteare dello spazio intorno lo calmava. Improvvisamente gli venne in mente un gioco che faceva da bambino per addormentarsi. Erano almeno venticinque anni che lo aveva dimenticato. Disteso al buio, immaginava che il letto si muovesse, uscisse dalla stanza, attraversasse il corridoio e imboccasse le scale, scivolando sulle rampe come su piani inclinati e lisci, e uscisse finalmente in città, imboccando le strade come fosse un'automobile. Silenziosissima.

Capì che quella fantasia era una reminiscenza del tempo in cui ogni movimento era dovuto ad altri, un ricordo opaco dei suoi primi mesi di vita, dell'epoca in cui era ancora maneggevole e trasportabile. Forse era suggestione, ma gli parve di ricordare, nel corpo e non nel cervello, di non avere potere e volontà, di essere sollevato, spostato, girato, cambiato. Il primo anno avere un bambino è una specie di terapia psicologica. Lo guardi ridere, lo guardi crescere, lo fai mangiare e da qualche parte sai, confrontando magari l'album di foto della tua infanzia, che eri come lui. E ti chiedi quali sintesi fulminee, quali piccole particolarità ti abbiano obbligato a essere ciò che sei e non un altro. E quali eventi obbligheranno lui. Le fotografie della tua infanzia ritornano alla mente a schiere e, sepolto nel corpo, guardando il bambino, avverti di nuovo l'ultimo barlume di quelle sensazioni trascorse. Capisci che molto di quello che fai, o dici, resterà in un altro. Mentre si addormenta lo guardi e sprofondi con lui nel sonno senza sogni di quando ancora non c'era nulla da sognare. Osservi tuo figlio dormire e hai la certezza di aver ricordato, per un attimo, attraverso di lui, la tua prima infanzia.

# IL PARTO
## Spinga, signora, spinga

# UN PO' DI STATISTICHE ITALIANE

DONNE, ETÀ MEDIA DEL PRIMO FIGLIO: 25,2 anni nel 1981, 28,2 nel 1996.

NAUSEA E VOMITO: il 49,9% delle donne dichiara di averne sofferto in gravidanza.

VISITE MEDICHE: Soltanto lo 0,4% delle donne non ha effettuato visite durante tutto il periodo della gravidanza. Il numero medio di visite mediche è stato di 6,9, più alto tra le laureate (7,6) e più basso tra le donne con licenza elementare (5,8). Il 53,9% delle donne ha fatto 7 o più visite.

ECOGRAFIE: Il 12,9% delle donne ha effettuato l'ecografia al primo mese, il 30,1% al secondo mese, il 41,7% al terzo mese. Il numero medio di ecografie è stato di 5,2, ma il 25% ne ha subite 7 o più. I ginecologi in strutture pubbliche ne effettuano molte meno, mentre i ginecologi privati ne fanno di più.

AMNIOCENTESI E AFFINI: Il 72,1% delle donne ha fatto l'ecografia morfologico-fetale, il 34% il tritest, il 23,6% l'amniocentesi, il 19,8% il dosaggio dell'alfafetoproteina, il 5,8% il prelievo dei VILLI CORIALI.

DONNE E CORSI PREPARTO: Vi partecipa il 30,4% delle donne (15,7% in ospedale, 10,8% in consultorio e il 3,9% presso una struttura privata).

UOMINI E CORSI PREPARTO: Il 50% delle donne che hanno svolto corsi preparto è stato accompagnato dal proprio uomo. Il 13,4% degli uomini ha frequentato assiduamente, il 6,6 spesso e il 27 solo qualche volta. La presenza maschile è più marcata nel Nordovest (61,2%) e minoritaria nel Sud (28,6%). I mariti delle donne impiegate sono i più coinvolti nei corsi (55,6%).

FUMO: Del 25,7% di donne fumatrici intervistate dall'Istat, il 62% ha smesso, il 29,6% ha diminuito, il 7,4% ha continuato a fumare in gravidanza. L'1% dichiara di avere aumentato.

LAVORO. Del 56,1% di donne che lavoravano, il 44% ha smesso entro il sesto mese, il 38,7 al settimo, il 10,2 all'ottavo e il 7 al nono mese.

PARTI SETTIMINI. Soltanto l'1%. Il 92,4% delle donne italiane ha regolarmente partorito al nono mese.

DOVE SI PARTORISCE. L'88,9% delle donne partorisce in ospedali pubblici, il 6% in strutture private accreditate e il 4,8% in strutture private. In casa partorisce solo lo 0,3%.

COME SI PARTORISCE. Tra il 1995 e il 2000 i cesarei sono stati pari al 28,6% (nel 1980 erano l'11,2). Più frequenti al Sud, con punte del 41,4% in Calabria e del 39,9 in Sicilia. La ventosa è servita nell'1,5% dei casi e il forcipe nello 0,4. Parti spontanei nel 69,4% dei casi.

ANESTESIE. Ha partorito senza anestesia il 63,3% delle donne. Il 10% è ricorso ad anestesie locali, il 16% all'anestesia generale e il 10,6% all'epidurale, più diffusa nell'Italia centrale (14,6%) e tra le 35-39enni (16,5%).

PRESENZA DEL PADRE IN SALA PARTO. Il 59,7% dei padri assiste al parto. La punta è nel Nordovest (81,7%), il record negativo nell'Italia del Sud (31,5%).

DEPRESSIONE POSTPARTUM. Coinvolge il 35,4% delle donne che hanno partorito. Il 31,2% ha denunciato depressioni di breve durata, il 4,2 più protratte nel tempo.

DATI: *Istat, Gravidanza e parto, 12 aprile 2001. L'indagine, coordinata da Linda Laura Sabbadini, è stata condotta dall'Istat nel 1999-2000 su un campione di 60mila famiglie italiane intervistando 2 milioni e 439mila donne che avevano avuto figli nei cinque anni precedenti.*

# Lui. L'espulso

Oscura e profonda era e nebulosa,
tanto che, per ficcar lo viso a fondo,
io non vi discernea alcuna cosa.
«Or discendiam qua giù nel cieco mondo.»

DANTE ALIGHIERI
*Inferno*, IV

Nascere è un vero casino. Uno si crede che una volta centrato il buco e fatta amicizia con Sorella Forza di Gravità non si tratti che di farsi trascinare dagli eventi e aspettare di arrivare alla fine del tunnel per vedere, infine, la luce e l'altre stelle. Invece il canale dell'utero è arduo, aspro, pieno di insidie e strettoie, una specie di labirinto buio e verticale di carne e di ossa e di sangue che bisogna avere la testa abbastanza piccola e il corpo abbastanza agile, il collo abbastanza mobile e la volontà abbastanza forte. Un vero casino. Una specie di Vietnam. I movimenti che bisogna eseguire per nascere assomigliano a quelli di un cavatappi. Niente di siluresco che scenda a precipizio e senza fantasia verso la meta stabilita, piuttosto un avvitarsi e avvilupparsi, un farsi piccolo e grande, un andare avanti dieci centimetri e tornarne indietro cinque. Come la storia, secondo Lenin. Una fatica immane, qualcosa come cambiar casa. Nascere è la forma primigenia del traslocare. O del fare la rivoluzione.

Prenderemo le mosse dalla "situazione tipica", quella che per quanto vi spaventino durante i corsi preparto è più probabile da incontrare (novantacinque percento dei casi). Se lo speleologo gnomo ha deciso di fare le cose per bene e non è già un fannullone, si sarà messo nella posi-

151

zione migliore: se si comporta come si deve ha la testa in giù, le braccia conserte e le gambe non distese, ma piegate, tiene insomma la posizione consona al feto che è ancora. Per qualche ora. Se è un tipo proprio coscienzioso si porta nella posizione migliore già verso la trentesima settimana (avete imparato o no a misurare il tempo per settimane che ormai è tardi? Se non l'avete fatto, sono sette mesi esatti). Altrimenti può scegliere di rendere tutto più difficile non girandosi. Continua a puntare i piedi verso l'imbocco dell'utero o, addirittura, si pone di sguincio, di traverso al canale d'uscita oppure, se è proprio fantasioso, obliquamente.

(Corollario al capitolo dei corsi preparto: nei casi in cui il bimbo tardi a voltarsi, si possono riscaldare i mignoli dei piedi di lei, laddove l'unghia si incontra con il piede, accendendo dell'artemisia pressata, erba usata in agopuntura. Il rituale, noto anche come Moxibustione, ha il potere di spingere il nascituro a darsi da fare per mettersi in posizione. Persone laiche giurano che la pratica è efficace: se vi trovate in un disagio simile, in ogni caso, tentare non nuoce.)

Nel 95 percento dei casi, il minatore si presenta a testa in giù per rendere tutto più facile e meno doloroso. Nel 4 percento si presenta all'appuntamento con i piedi o, meglio, con il sedere. In questi casi, a meno che gli ostetrici non provvedano con violente e dolorose manovre (tipo mettere un ginocchio sul pancione e premere con i gomiti o viceversa) a insegnargli a stare al mondo, il bambino si presenta PODALICO, cosa che rende più complicato il lavoro. Nel restante un percento, la creatura assume una posizione trasversale come un ecologista che si sdrai davanti alle ruspe per impedire l'abbattimento di millenarie sequoie. Anche in questo caso gomiti e ginocchia degli ostetrici possono riportarlo alla ragione, ma non si tratta di un esito scontato.

Sembra facile. Non lo è. Tre alternative (testa 95 percento, piedi 4 percento, trasverso un percento) sono una bazzecola di fronte al miracolo della vita. Ma l'infamello può decidere di fare il difficile e ritagliarsi una serie di variazioni, limitate nel numero, che però paiono non finire mai. Può presentarsi nella posizione giusta, però avere la schiena girata verso quella della madre o verso il suo ventre oppure messo a caso, un po' indeciso, tre quarti a destra, tre quarti a sinistra. Se invece ha deciso di presentarsi podalico può arrivare all'appuntamento tenendo le gambe piegate, presentando per primi, quindi, chiappe e talloni (presentazione podalica completa) o – povero cristo di un ballerino del Bolshoj – mettendo fuori le natiche e con le gambe distese e i piedini davanti alla faccia, oppure presentando solo i piedi o le ginocchia... un po' come gli pare, insomma. Non è un po' troppo presto per imporgli dei ruoli?

Tutto questo casino, e il travaglio non è ancora iniziato. Il bambino non si è ancora "impegnato", si dice così («Dovresti impegnarti di più, le capacità non ti mancano»). Dicesi "impegnata" la creatura che abbia spostato il suo diametro maggiore (della testa) nella parte inferiore del bacino della partoriente. Per una volta il calcio non è d'aiuto. Dicesi "goal" l'azione nella quale tutto il pallone, e non la metà più un millimetro, abbia varcato la linea di porta.

Ma l'utero non è un cilindro. Non lo è per niente. E neppure una linea di gesso. L'utero (la cui collaborazione all'evento sarà oggetto del prossimo capitolo intitolato *Lei. L'arbitro*) è un oggetto complicato e molti uomini lo avevano intuito. Si compone di uno stretto superiore che ha la forma di un cuore (♥), largo la bellezza di 10,5-13,5 centimetri, a seconda dei modelli di donna, che a sua volta si compone di tre strettoie larghe rispettivamente 11 cm (coniugata anatomica), 10,5-10,8 cm (coniugata vera o ostetrica), 12-12,5 cm (diametri obliqui), 13,5 cm (diametro

# METTERE RADICI
## *Immagini e significati di alcuni alberi*
## *da piantare per celebrare la nascita*

### Acero
CRESCITA. 40 metri di altezza in 60 anni.
ASPETTATIVA DI VITA. Forse 500 anni.
SIGNIFICATO. Il colore rosso delle foglie lo ha fatto generalmente associare al sangue.
MITO. Era l'albero di Fobos, il dio della paura, figlio di Ares, dio della guerra e fratello di Deimos, dio del panico.
USI E COSTUMI. In Alsazia si credeva che le cicogne inserissero nei loro nidi rami d'acero per tenere lontani i pipistrelli.

### Betulla
CRESCITA. Poco più di 20 metri di altezza.
ASPETTATIVA DI VITA. Circa 100 anni.
SIGNIFICATO. È l'albero della purificazione e della saggezza.
MITO. La prima specie del Calendario degli alberi. Lo spuntare delle prime foglie segnava l'inizio della primavera.
USI E COSTUMI. Dalla fede nei suoi poteri purificatori, l'usanza, diffusa in Russia, di autoflagellarsi con rami di betulla per guarire dalle malattie e quella, diffusa in tutta Europa, di usare rami di quest'albero per fustigare i colpevoli. In Svezia, alla vigilia del primo maggio i giovani uscivano con mazzi di ramoscelli di betulla per propiziare il bel tempo e abbondanti raccolti.

## Castagno

CRESCITA. Fino a 60 metri di circonferenza.

ASPETTATIVA DI VITA. Fino a 3500 anni.

SIGNIFICATO. È legato al mondo dei morti.

MITO. Il castagno più famoso del mondo cresceva alle pendici dell'Etna. Il suo tronco cavo era così grande che nel 1500 Giovanna d'Aragona, sorpresa da un temporale, vi trovò riparo con tutto il suo seguito di cento cavalieri. Morì a 3500 anni. Era già vecchio quando Platone andò esule a Siracusa.

USI E COSTUMI. A Marsiglia, per tenere lontani gli spiriti, si dormiva tenendo qualche castagna sotto il cuscino. Nel giorno dei morti, un po' ovunque in Europa, i poveri mendicavano castagne di porta in porta.

## Fico

CRESCITA. Fino a 4 metri di altezza.

ASPETTATIVA DI VITA. 350 anni.

SIGNIFICATO. È l'albero del sesso e della saggezza. Cioè l'albero della conoscenza della *Genesi*.

MITO. Nella mitologia greca appartiene a Dioniso, il dio della sfrenatezza, e a Priapo, il dio del desiderio sessuale. Per gli ebrei e nel Medio Oriente è il simbolo della scienza religiosa. È citato nei Vangeli in maniera negativa, come simbolo della sinagoga che non darà più frutti. Nell'induismo è l'albero cosmico su cui si avvolge il serpente.

USI E COSTUMI. Per Platone mangiare fichi fortifica l'intelligenza. Veniva consigliato alle donne incinte per rendere il parto più rapido.

## Frassino

CRESCITA. Fino a 50 metri di altezza.
ASPETTATIVA DI VITA. 120-150 anni.
SIGNIFICATO. È l'albero della folgore, di ciò che si spezza. Per questo motivo svolge una funzione di mediazione tra cielo e terra.
MITO. Nella mitologia greca appartiene a Poseidone, il dio dei terremoti. Attira il fulmine che preannuncia le piogge purificatrici. Era sacro ai germani e ai celti: erano frassini tre dei cinque alberi sacri abbattuti in Irlanda nel 665 per celebrare il trionfo del cristianesimo. Per i berberi era il primo albero creato da Dio.
USI E COSTUMI. Fino al 1830 nella contea di Selborne in Inghilterra per guarire l'ernia si facevano passare bambini nudi nel cavo di un frassino. Tra i berberi è l'albero della donna: se viene piantato da un uomo, un maschio della sua famiglia morirà.

## Melo

CRESCITA. Fino a 15 metri.
ASPETTATIVA DI VITA. 250 anni.
SIGNIFICATO. È l'essenza celata dall'apparenza.
MITO. Erano meli gli alberi del giardino delle Esperidi dove Ercole andò a compiere la sua undicesima fatica.
USI E COSTUMI. Alle mele venivano attribuite eccezionali virtù terapeutiche. Il termine "pomata" deriva proprio dalle mele perché in origine erano a base della polpa del frutto.

**Quercia**

CRESCITA. Fino a 20 metri di circonferenza.

ASPETTATIVA DI VITA. Oltre mille anni.

SIGNIFICATO. Per i romani, i germani e gli yakuti siberiani era il supporto del cielo, l'albero sacro per eccellenza.

MITO. Per i greci era l'"Albero" per antonomasia. Le sue ghiande avrebbero nutrito gli uomini dell'età dell'oro.

USI E COSTUMI. Fu nel 27 a.C. che il Senato concesse ad Augusto il diritto di tenere sempre sopra la sua porta una corona di quercia, onore che Ovidio dichiarò "quasi divino". Nell'antichità la sua corteccia veniva impiegata per curare le più svariate malattie.

[*Le notizie sono tratte da Jacques Brosse,* Storie e leggende degli alberi, *Edizioni Studio Tesi, 1989.*]

trasversale). Gli ultimi due ci si passa facile, il primo è più difficile. Il pensiero di avere il diametro della testa inferiore ai 10 centimetri pare un azzardo. Insomma, è tutto un allargarsi e restringersi che uno si rilassa e poi si trova di fronte una strettoia che sembra la cruna di un ago.

Nei brutti tempi andati – si tenga presente – venire al mondo era ancora più difficile: i bacini di lor signore potevano essere, e lo erano in buona percentuale, deformati dall'eccessivo lavoro e dall'eccessiva fatica. Oggi, per fortuna, le donne possiedono, in generale, caratteristiche anatomiche adeguate al mestiere di fare figli, anche se ne fanno meno, anche se i difetti pelvici sono, purtroppo, tutt'altro che rari.

Pensatevi voi: a testa in giù, in un posto che non sapete qual è, che non sapete cos'è, che dovete infilare la testa in varchi più piccoli della testa medesima e, passata la testa, spostare le spalle e avvitarle e stringerle senza sapere perché, senza sapere a che pro. A uno gli viene anche voglia di dire NO, chi me lo fa fare, qui sto bene dopotutto, non scoppia la guerra, non ci sono pedofili e non ci sono stilisti. E invece, qualcosa laggiù, prima del pensiero e delle emozioni, dev'esserci a dire: «Se sei in ballo, giocatela, baby; se sei in ballo, vai a vedere». Perché è inspiegabile, altrimenti, questo bisogno di nascere e di esistere, che uno direbbe «Lasciatemi stare, sto bene qui al caldo». Eppure non ce n'è uno che decida di non nascere. Non ce n'è molti che si attacchino al POLIDRAMNIOS (più di due litri di liquido amniotico) per ritardare la nascita e pochi che si gettino tra le braccia dell'OLIGOIDRAMNIOS (meno del necessario) per accelerarla. La fatica di nascere si sa, l'abbiamo fatta tutti, per quale ragione ai nostri figli dovrebbe essere risparmiata?

Sta di fatto che senza Nostra Signora del Parto, cioè senza la donna che avete fecondato, nulla è possibile. Se quando arriva il momento non spinge, il palombaro mica ce la fa. E l'ostetrico deve tagliare, quindi votarsi al cesareo. Dopo il "periodo prodromico" («Non portatela all'ospedale prima del tempo!». Fonte: Corso preparto), le CONTRAZIONI dovrebbero intensificarsi in dolore e frequenza, inaugurando il tanto favoleggiato travaglio, durante il quale le contrazioni involontarie dilatano l'utero e le spinte volontarie spingono il nascituro verso il suo destino. Da raccontare è molto semplice: il travaglio si compone di una fase di dilatazione e di una fase espulsiva. Durante il primo periodo, i muscoli uterini della signora si contraggono senza che lei vi abbia nulla a che fare. Durante la fase espulsiva, ella deve invece volontariamente spingere («Lei spinga, signora, spinga») in modo da agevolare la sfiancante cavalcata a testa in giù del piccolo cavernicolo in cammino verso la civiltà. Vista da fuori, con l'occhio freddo del meccanicista o del materialista dialettico, si tratta soltanto di portare a termine un processo. Da dentro, senza sapere nulla, nulla di meccanica e di materialismo dialettico, nulla di nulla in fin dei conti, dev'essere diverso.

Intanto, come in altri aspetti della vita, c'è la questione delle dimensioni. Poche righe fa (due paragrafi per l'esattezza) si è accennato ai diametri massimi delle varie regioni dell'utero. Adesso occorre affrontare il tema dei diametri dell'oggetto che ci deve passare attraverso, che per inciso è vostro figlio. La testa del nascituro ha un diametro variabile tra i 9,5 e gli 11 centimetri, il tronco varia dagli 11 ai 12. Come si vede, il Consiglio di amministrazione ha sadicamente fatto in modo che tra le dimensioni del contenuto e quelle del contenitore non ci fossero differenze significative. Testa e tronco possono inclinarsi e avvitarsi, in una certa misura possono perfino comprimersi come tappi di sughero (e questa è la ragione per cui alla nascita molti bambini hanno teste bislunghe che sembrano figli di faraoni egizi), ma miracoli non ne possono fare, poveretti. Se le teste sono troppo grosse o la signora è troppo stretta, se si presentano in una posizione sbagliata oppure sono troppo deboli, devono intervenire i medici, tagliando o iniettando, manovrando o spingendo.

Superato lo stretto superiore, il poveretto si trova ad affrontare lo stretto inferiore e non è che il peggio sia alle spalle. Anche in questo caso, qualcuno ha deciso di fare le cose al risparmio. La prospettiva di dover attraversare una galleria tortuosa che oscilla tra i 9 e i 12,5 centimetri è una di quelle cose che cancellerebbero il sorriso ebete perfino dalla faccia della Gioconda. Visto dall'interno il ventre femminile dev'essere orrendo. Un antro umido e sanguinolento pieno di ossa e ossicini a darsi arie da stalattiti e stalagmiti. Per fortuna che da fuori è più appetitoso. Se si trattasse soltanto delle ossa, però, si potrebbe anche fare. In realtà a complicare le cose ci si mettono anche i muscoli e i tessuti, le cosiddette parti molli che si articolano in segmento uterino inferiore e collo dell'utero, vagina, muscoli elevatori dell'ano e anello vulvare. È una bizzarria della natura che quel tratto di strada così piacevole da esplorare in entrata sia così faticoso da percorrere in uscita. Dev'essere questa la ragione per cui in Vietnam per denotare l'organo sessuale femminile esistono due parole: *torcung am ba* è l'organo in entrata, *torcung am dao* quello in uscita. (A entrare è un pene. A uscire è un bambino).

Naturalmente c'è chi sostiene (di solito si tratta di donne) che nascere è bello. Parlano dell'esperienza di chi nasce con toni a metà tra il romanzo rosa e la telenovela. Ecco, per esempio, come descrive le sensazioni di chi nasce la già citata dottoressa Sheila Kitzinger (pagina 135), autrice di un libro che probabilmente in questo momento riposa, sottolineato con l'evidenziatore, sul comodino di lei: "Quando il bambino inizia il suo cammino verso la vita extrauterina, passa sotto un arco di ossa e un baldacchino di legamenti e di muscoli. Forse è una sensazione simile a quella di un viaggio attraverso un lungo viale ombreggiato di alberi folti e frondosi". Forse. Ma dico, è matta? Allora perché, quando hanno finito la passeggiatina i neonati hanno una faccia che neanche un cardiopatico dopo la maratona di New York, un colorino paonazzo che una melanzana al confronto è pallida? Perché quello sguardo esausto, sconvolto, sorpreso, perduto? Perché hanno tutta l'aria di chiedersi: «Che ci faccio qui? Che cosa mi ha travolto?». Dottoressa Kitzinger, ma che cosa sta dicendo? Lo fa per tranquillizzare le signore contando sul fatto che a parto finito saranno troppo stanche (e contente) per ricordarsi di tirarle addosso il libro? Oppure lo dice perché tanto i neonati non possono contraddirla?

Intendiamoci: *Il bambino. L'attesa e la nascita* non è un

brutto libro, anzi, è pieno di informazioni e consigli utili e ci sono anche le figure. Solo che a volte è davvero irritante. Anche se garantisce che alcuni bambini vengono al mondo riposati come vescovi. Ecco un altro assaggio (sta descrivendo le contrazioni involontarie del travaglio): "Ognuno di questi abbracci inizia dolcemente, ma diventa sempre più serrato, fino a quando il bambino è stretto in una morsa per periodi compresi tra i 20 e i 30 secondi. Infine, l'ondata di pressione recede ancora e il feto galleggia di nuovo nel suo mare interno: il bambino vive il travaglio insieme a voi". Ma per piacere!

Su un fatto, però, probabilmente la dottoressa ha ragione: non si nasce passivamente lasciandosi trasportare verso l'uscita. Nascere dev'essere una fatica improba, uno sforzo grandissimo. Tanto più che il bambino ha capacità limitatissime: può muovere la testa in su e in giù per farsi strada in quella selva oscura e può puntare i piedi, giusto quel poco che gli serve a spingiucchiarsi ancora più a fondo. Altra idiozia quella di Fréderick Leboyer che in un classico tipicamente anni settanta intitolato *Per una nascita senza violenza*, descrive l'esperienza del parto "dalla parte del bambino", come se al posto dell'infante ci fosse un giovanotto maniaco e depressivo: "Deve uscire! Deve uccidersi, se necessario… La forza, il mostro cieco che lo strapazza, che lo spinge in fuori, quel muro cieco, ottuso, che lo trattiene, che gli impedisce di passare, sono un'unica e medesima cosa: la madre! Sempre lei! È lei che lo scaccia. E nello stesso tempo lo trattiene, gli impedisce di passare! È pazza! È lei che bisogna uccidere". Balle! Attribuire a un essere vivente che ha il cervello ancora in pappa, con tutto il rispetto, la volontà di uccidere, è altrettanto grave e superficiale che trasformarlo in un pupazzetto felice da cartoni animati. Nascere dev'essere un lavoro duro. Punto. Una sudata terribile, e anche uno spavento. Ma a nascere non è un bancario, è sempre e comunque una specie di girino raffinato che forse può provare paura, sicuramente si affatica, ma non può verbalizzare nulla e non può avere coscienza dei propri sentimenti.

Il vero casino dev'essere torcersi il collo all'indietro di quasi novanta gradi rispetto al torace per infilarsi nel punto giusto, cioè la cervice, e, come si dice, "impegnarsi". Compiuta la torsione, inizia la fase espulsiva e qui il disgraziato può solo avvitare il testolino, ma soprattutto aspettare di essere spinto fuori, nel mondo. La verità è che quei venti centimetri di vagina a volte sembrano la Salerno-Reggio Calabria, non finiscono mai. Nascere da una donna al primo figlio (NULLIPARA) significa impiegarci in media, casello casello, un'ora. Nascere secondogenito, terzo o sedicesimo, di solito riduce i tempi in maniera significativa. Una pluripara ci mette, in media, un terzo o la metà del tempo, venti minuti, mezz'ora. (Un'ovipara, invece, fa l'uovo, ma parlare dei suoi problemi ci porterebbe lontano.) Il momento più critico si incontra dalle parti del perineo, la zona muscolare che riposa tra ano e vagina. Un po' per i muscolacci allenatissimi che bisogna affrontare, un po' perché in quel punto c'è una curva che obbliga il non-ancora-nato a piegare il collo di nuovo per tagliare il traguardo nella maniera migliore, cioè presentando in rapida successione cucuzzolo, fronte, naso, bocca e mento. Messa fuori la testa, però, è fatta. Non si può tornare dentro, anche se l'ostetrica è brutta come la fame e la sala parto fa schifo. A questo punto non resta che uscire. Preferibilmente con le mani alzate.

N.B. La descrizione dettagliata del momento della nascita la teniamo ben stretta per il capitolo che tratterà dell'esperienza del padre (pagina 182). A più tardi.

# Il DNAsauro

*Gli osservò gli alluci che erano lunghi come anaconda. Si osservò gli alluci che erano tozzi come un tozzo di pane. Gli guardò i pollici, snodabili come fratture. Si guardò i pollici, rigidi come talebani. Lo fissò negli occhi, azzurri come quelli di Frank Sinatra. Pensò ai propri: color cacchetta. Perché? Quali strane alchimie di geni, quali strani intrecci di individui e generazioni usavano il corpo del suo bambino per propagarsi nel tempo? Si guardò intorno. Il prato, la casa, un grappolo d'uva sultanina, un acero e un sughero, suo suocero. Indossava un paio di sandali Birkenstock. L'attenzione del padre fu acchiappata dai piedi del padre di sua moglie: alluci lunghi... Passò alle mani... pollici snodabili. E fu colto da una specie di malore. Praticamente aveva fatto un figlio con suo suocero e con il padre di lui e con la madre. E con la madre e la madre della madre della moglie e il nonno e i bisnonni e la cognata. Non ci aveva mai pensato. Era quello il significato vero dell'espressione "imparentarsi".*

# Lei. L'arbitro

Il Tempo partorisce un altro figlio.
Uccidi il Tempo! Lei si torce nel dolore!
Già nella ghianda è abbattuta la quercia
e il falco uccide lo scricciolo nell'uovo.

DYLAN THOMAS
*Ballata dell'esca dalle lunghe gambe*

Ammettiamolo pure, partorire è abbastanza terrorizzante. Succede che quando il neonato lo vedi nel mondo che respira, ti chiedi come diavolo facesse a starci tutto, dentro di lei. Uno può prendersela con il Consiglio d'amministrazione o con Eva, con il serpente o con quell'anima semplice di Adamo, ma espellere un essere vivente che varia dal chilo e mezzo ai cinque attraverso una fessura che, a essere generosi, non supera i quindici centimetri di massima apertura, è una prospettiva quantomeno scoraggiante. Eppure, di riffa o di raffa, nasciamo tutti e partoriscono tutte o quasi. Le donne hanno dentro una contraddizione: da una parte l'idea di fare figli è talmente discussa, raccontata e recepita che desiderano mettersi alla prova fin da bambine, dall'altra è talmente vissuta (e narrata) come prova di vita, come dolore inimmaginabile («Ma poi te lo dimentichi subito, è incredibile come te lo dimentichi subito») che ne sono terrorizzate fin da bambine. Hanno ragione. A vederlo da fuori, il parto fa pensare al film *Alien*, a qualcosa che hai dentro e che per aprirsi una strada farebbe di tutto. Altro che respirazione (che pure aiuta), altro che tecniche di rilassamento e yoga. Provate a pensare a cosa significa avere un cretinetti in corpo che per uscire farebbe di tutto.

Il periodo preparatorio di solito è una passeggiata. Il lattonzolo acquatico ormai non ci sta dentro. L'utero si espande. Nella maggior parte dei casi questo fare posto, questo dilatarsi, che avviene attraverso contrazioni involontarie, non provoca dolori. Un po' di mal di schiena a volte, una sensazione come di mestruazioni incipienti, un formicolio vario in corpo sicuramente fastidioso, ma raramente insopportabile. Spesso avviene che le signore non se ne accorgano neppure. Siamo nei giorni, magari sono settimane, che precedono la data di scadenza. Tecnicamente si parla di contrazioni di Braxton Hicks, le scosse che precedono il terremoto vero e proprio. Si aspetta, non si può fare altro, e sembra che il D-day non debba arrivare mai.

Poi, un giorno, queste contrazioni aumentano, di intensità e di ritmo. E l'uomo può solo tenere gli occhi sul cronometro. Non esistono regole. Esistono statistiche e probabilità, ma ogni parto è diverso dall'altro, o almeno questo è quanto assicura chi di mestiere aiuta il prossimo a partorire e a venire al mondo. In ogni caso: stiamo descrivendo il tipo di parto più comune, pur nelle sue mille varianti. Ricapitoliamo: da alcuni giorni lei si lamenta oppure no, da qualche ora avverte contrazioni dolorose che possono essere molto dolorose o poco dolorose, non è così importante. Quello che è importante è che siano ritmiche o che almeno abbiano una certa cadenza, per quanto sfilacciata. Telefonata di lei: «Non so, mi fa male la schiena/ho vomitato/ho una nausea pazzesca... mi sa che forse...». Risposta da manuale: «Stai calma, adesso vediamo, arrivo subito». Può essere iniziato il periodo prodromico che può durare un'infinità oppure pochissimo, ma che è il segno che bisogna prepararsi e andare da lei.

Per evitare un parto prematuro è bene non affaticarsi troppo, dicono. Solo che a volte non basta perché il bambino ha fretta di nascere oppure perché succedono eventi che agitano e ne provocano altri. Nei giorni successivi all'11 settembre 2001 negli Stati Uniti il numero di parti prematuri raddoppiò rispetto a quelli dei giorni normali, quelli in cui non cadono aerei di linea o, se cadono, non abbattono grattacieli famosi e pieni di gente. Non è solo la fatica fisica, insomma, il trasportare pesi e il pulire pavimenti che accelera il normale andamento di quella malattia cronica, a decorso lento, con esito sicuramente mortale che si chiama vita, ma anche il provare emozioni forti e difficilmente gestibili. Una *Vita di Eschilo* del periodo ellenistico racconta che "all'apparizione delle Eumenidi che entravano in ordine sparso nell'orchestra, la gente fu tanto impressionata che i bambini piccoli svenirono e i feti furono abortiti".

Le statistiche dicono che un parto normale dura in media otto ore nelle donne al primo figlio e la metà in chi ne ha già avuti. Ma è bene non fidarsi. Non è un bel momento: lei è nervosa e impaurita, voi siete nervosi e impauriti (ma non dovete darlo a vedere). Ed è troppo presto per andare in ospedale. Si può giocare a dama, a Monopoli, si può parlare o fare l'amore (dicono che acceleri il tutto, ma ci vuole un bel pelo sullo stomaco), si può perfino tentare di mettere in pratica gli esercizi appresi durante il corso preparto, massaggiandola e accarezzandola. Questa volta non viene molto da ridere, ma non è facile raggiungere lo stato di tranquillità necessario a fare in modo che risultino efficaci. Normalmente si opta per la soluzione camomilla. Difficilmente verrà bevuta, probabilmente verrà ignorata, forse rappresenterà un utile diversivo. In questa fase il padre modello deve tenere a mente i suoi due doveri: rimanere tranquillo e controllare il ritmo delle contrazioni. Se scendono al di sotto dei cinque minuti è il caso di andare a prendere la macchina. Solo che, come già detto, le varianti sono imponderabili. Statisticamente durante la fase prodromica le donne perdono "il tappo di muco" (tra virgolette perché fa un po' senso a scriverlo normale). Si tratta di un grumo di schifezze

# SCARAMANZIE
*In diretta dalla notte dei tempi, alcuni consigli utili a facilitare il parto*

### QUALCUNO CHIUDA LA PORTA
Perché l'anima di un neonato non sfugga e non si perda appena nata, gli Alfur di Celebes, quando sta per nascere un bambino chiudono accuratamente tutte le aperture della casa, anche il buco della serratura, e tutte le fessure dei muri. Legano anche la bocca a tutti gli animali dentro e fuori la casa per timore che uno di essi si possa inghiottire l'anima del bambino. Per la stessa ragione tutte le persone della casa, anche la madre, devono tenere chiusa la bocca per tutto il tempo che dura la nascita.

### QUALCUNO APRA LA PORTA
Nel Nordovest dell'Argyllshire la gente superstiziosa apre tutte le serrature al momento di un parto. Nell'isola di Salsette, vicino a Bombay, quando una donna è in grave travaglio si aprono con una chiave tutte le serrature delle porte e dei cassetti per facilitare il parto. [...] A Chittagong quando una donna non riesce a dare alla luce un bambino, la levatrice ordina di spalancare porte e finestre, nelle stalle, i cavalli nella scuderia, il cane da guardia nel canile e liberare percore, galline, anatre ecc. Secondo il popolo questa libertà universale accordata agli animali e alle cose inanimate è un mezzo infallibile per far nascere il bambino.

### VIETATO ACCAVALLARE LE GAMBE
Plinio, sempre così serio, ci dice che sedere con le mani intrecciate vicino a una donna incinta o a un malato sotto cura del medico getta un'influenza maligna sulla persona. Ed è peggio se si stringono le gambe, anche una sola, fra le mani giunte o se si accavalla una gamba sull'altra. [...] L'esempio classico delle terribili conseguenze che potevano seguire uno di questi atti è quello di Alcmena, che fu in travaglio sette giorni e sette notti per dare alla luce Ercole perché la dea Lucina sedeva davanti alla casa con mani intrecciate e gambe incrociate.

### SCIOGLIETE I NODI
Nelle Indie occidentali questa superstizione è estesa a tutto il tempo della gravidanza; il popolo crede che, se una donna incinta avesse dei nodi, delle trecce e dei cordoni legati, il bambino sarebbe di conseguenza compreso o la madre stessa sarebbe "legata" al momento del parto. Anzi, alcuni obbligano anche il padre del nascituro a osservare questa regola al pari della madre. Tra i Daiachi della costa nessuno dei genitori può legare con dello spago o fissare qualche cosa durante la gravidanza. Nella tribù dei Tumbuluh nel Celebes settentrionale al quarto o quinto mese della gravidanza si fa una cerimonia dopo la quale tra l'altro è vietato al marito di fare dei nodi e di sedere con le gambe incrociate... Nell'isola di Scalin quando una donna è in travaglio suo marito scioglie tutto quello che può sciogliere: le trecce dei propri capelli e i lacci delle scarpe, poi tutto ciò che è legato nella casa o nelle vicinanze. Nel cortile toglie la scure dal blocco in cui è ficcata. Scioglie la barca se è ormeggiata a un albero, ritira le cartucce dal fucile e le frecce dalla balestra.

### PARTI ADOTTIVI
Diodoro racconta che quando Zeus persuase la sua gelosa moglie Era ad adottare Eracle come figlio, la dea nel suo letto si strinse al seno il gagliardo eroe, e lo spinse fuori delle sue vesti facendolo cadere in terra, per imitare una vera nascita; e lo storico aggiunge che anche ai suoi giorni veniva praticato tra i barbari lo stesso genere di adozioni. Sembra che quest'uso viga ancora oggi in Bulgaria tra i turchi bosniaci. Una donna prende in seno il fanciullo che intende adottare e lo fa uscir fuori dai suoi vestiti.

### STREGONI INCINTI
Tra alcuni Daiachi del Borneo, quando una donna si trova in gran travaglio, viene chiamato uno stregone che tenta razionalmente di facilitare il parto manipolando il corpo della sofferente. Uno stregone fuori della camera si sforza intanto di ottenere lo stesso scopo con mezzi irrazionali. Egli finge di essere la partoriente; una grossa pietra attaccata allo stomaco, con una fascia avvolta intorno al corpo rappresenta il bambino nell'utero, e, secondo gli ordini del suo collega che sta sul luogo dell'operazione, egli muove sopra il suo corpo questo finto bambino a esatta imitazione del bambino vero finché questo non nasca.

[*Tratti da:* James G. Frazer, Il ramo d'oro, Bollati Boringhieri, Torino 1990.]

che soggiorna all'imbocco dell'utero e che svolge la benemerita funzione di proteggere il piccolo dai batteri e dalle incursioni dall'esterno. Si rivela come una scia giallastra e striata di sangue sulle mutandine di lei. Succede che si "perda" quando la cervice si rilassa. La perdita è un segno, ma non è il segno. Ci sono donne a cui succede settimane prima del travaglio e altre a cui capita poco prima di partorire e non se ne accorgono neppure.

La storia del "tappo di muco" aiuta a descrivere il processo, anche se tace un particolare importante. L'espulsione del suddetto tappo può essere seminvisibile, possono direttamente rompersi le acque capovolgendo l'ordine degli eventi, oppure può avvenire tutto in fretta e, poi, fermarsi. Può trattarsi, insomma, di un processo non governabile. *Dipende*. È vero anche che quando il gioco si fa duro, duro davvero, non è difficile capirlo. Perciò, ci si tranquillizzi. Questo è importante. È pressoché impossibile, rimanendo calmi e sufficientemente lucidi, sbagliare i tempi. Se la nascita è prossima, sarete già in ospedale. Sempre che abbiate deciso di non partorire in casa, ma questo è un altro discorso.

Per preparare il padre futuro al suo ruolo conviene attenersi al quadro più frequente. Da qualche ora colei non ha più dolorini, urla e strepita davvero; e non più soltanto dolori alla schiena, ma un po' ovunque, difficili da localizzare, soprattutto dalle parti della pancia, ma non riesce a essere più precisa. In più, le fitte sembrano ritmiche, istintivamente ritmiche perché non sempre questa loro regolarità può essere misurata sul quadrante di un cronometro per quanto preciso e costoso possa essere. È iniziata la fase di dilatazione. Detto in parole povere, il suo collo dell'utero si sta dilatando. Calmi, mettete giù borse e chiavi della macchina. C'è ancora tempo, pure troppo.

Il periodo dilatante di solito dura ore. Una donna al primo figlio può impiegare otto ore per arrivare a una dilatazione di 2 centimetri e altre cinque per raggiungere i

10 necessari. Alcune fortunate compiono tutto questo senza accorgersene e velocemente (in questo caso, meglio andare subito all'ospedale, ma se succede lo capite). Altre si contorcono dal dolore. E non ci si allarmi se all'inizio sembra che le contrazioni si susseguano sempre più ravvicinate e dolorose. Spesso capita che dopo una fase veloce, ne subentri una lenta, come se il corpo di lei prendesse fiato in attesa del rush finale.

Dare un nome alle cose è importante per orientarsi nel mondo. Così, se proprio dovessimo elencare i tre elementi che possono indicare l'avvenuto inizio del signor Travaglio, anche se non è detto che compaiano tutti e tre e nemmeno due, diremmo:

1) Contrazioni dolorose e, soprattutto, ritmiche.
2) Perdita del "tappo di muco".
3) Rottura delle acque.

Sta al padre modello giudicare le circostanze, anche in rapporto tra loro, ricordandosi sempre di non farsi prendere dal panico. Arrivare in ospedale troppo presto può significare estenuanti attese e sfiancanti angosce. Anche stare a casa, però. L'unica rassicurazione che qui si può dare, di nuovo, è la seguente: se riuscite a rimanere lucidi entrambi, non avrete nessun dubbio sul momento giusto per andare in ospedale. Salvo casi rarissimi, nel momento in cui il ginecologo (o la ginecologa) pronuncia le fatidiche parole: «Spinga, signora, spinga», siete già in ospedale e già in sala parto.

È il segno che è iniziata la fase espulsiva. Il bambino ha messo la testa (o i piedi, dipende) all'imbocco dell'utero e ha bisogno che la madre gli dia una mano. Il traguardo è vicino e anche se l'attraversamento del tunnel contorto può richiedere ore, l'emozione, la drammaticità del momento, la concentrazione, l'adrenalina e il male cane di lei fanno apparire questa fase molto meno estenuante, ma molto più emozionante delle altre. Non è che ci si renda conto del punto a cui è arrivato (tranne quando l'ostetrica prende una mano della ragazza e le fa toccare che la testolina sta per uscire), è che lei è così concentrata e sofferente che ogni cosa, perfino la nascita, passa in secondo piano. C'è un'emergenza (la fase espulsiva è sempre un'emergenza) da affrontare e latitano i pensieri, l'intelligenza, il tempo per analizzare le proprie emozioni.

Quando il travaglio inizia, madre e bambino incominciano a chiacchierare; è un dialogo che invece delle parole, dei sorrisi, del pianto o del "mamma-me-lo-compri?", adotta un particolare tipo di ormoni. Si chiamano catecolamine, sono gli ormoni dello stress. Quelli che invadono anche l'organismo degli adulti quando si apprestano a parlare in pubblico o a fare *bungee-jumping*. Il meccanismo è questo: all'approssimarsi del lieto evento nel sangue del vostro sangue aumentano i livelli di adrenalina e noradrenalina. Il corpo del bambino si prepara alla discesa. Gran parte dell'energia a disposizione viene dislocata verso cuore, cervello, muscoli, polmoni, mentre gli organi secondari, come la pelle, vengono un po' lasciati a se stessi. Se questo aumento ormonale non avvenisse, la fatica sarebbe tale che il poveretto potrebbe andare incontro ad aritmie cardiache. Un adulto che affrontasse lo stesso sforzo probabilmente ne morirebbe. Grazie alle catecolamine gli sbalzi di temperatura vengono riequilibrati, le pupille si dilatano, il minatore prende un caffè ristretto e si sveglia veramente. Nel frattempo nel corpo materno c'è un festival di endorfine che, si dice, proteggano anche il feto dal dolore.

Tutto questo avviene dentro, però, e catecolamine ed endorfine non si possono vedere. Oltre all'aumento di intensità delle contrazioni e alla perdita del "tappo di muco", si è detto che l'altro indicatore dell'iniziato travaglio è rappresentato dalla PERDITA DELLE ACQUE. L'espressione ha un suo fascino, ricorda Mosè e il miracolo del mar

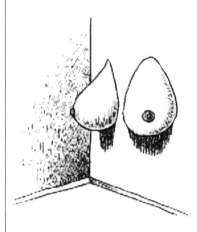 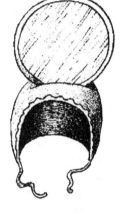
Rosso. Anche l'evento ha una sua bellezza. A un certo punto, può essere a fiotti, di punto in bianco, oppure gradualmente, goccia a goccia, il liquido amniotico defluisce. È tiepido. Le gambe di lei si bagnano. È buffo quando succede. E ha un odore caldo, di casa, di letto sfatto in cui abbia dormito una principessa per un anno intero. È acqua sporca, ma è sporca di calore umano, di uno che ci ha abitato e che non ha ancora fatto nulla per meritarsi di puzzare. Davvero, è commovente. Emozionante.

Da un punto di vista pratico le cose stanno così: se la perdita delle acque avviene lontano dalla data prevista per il parto, l'unica cosa da fare è andare in ospedale. Se avviene dopo un po' di contrazioni o comunque in prossimità dell'atteso evento, ce la si può prendere un po' più comoda, ma non tanto. È avvenuto che il SACCO AMNIOTICO si è lacerato, premuto dalla testa, da una gomitata o da un calcio, e il liquido senza saper né leggere né scrivere, esce. Se la rottura avviene nella parte alta del sacco tende a uscire lentamente, se avviene nella parte inferiore è più veloce. Va da sé che tutto dipende anche dall'entità della lacerazione: un'apertura stretta fa uscire meno liquido di una voragine.

Dopo la rottura delle acque (che però, nella maggior parte dei casi, avviene a travaglio già iniziato), il tempo concesso dalla scienza medica al bambino per iniziare il travaglio vero e proprio è di ventiquattr'ore. La ragione è questa: se dopo un giorno intero l'atteso continua a oziare e non dà segni di voler nascere può correre il rischio di infezioni. Intuitivamente, al di là delle infezioni, non dev'essere un bel vivere starsene al buio con le membrane materne tutte appiccicose addosso. Un po', ma peggio, che essere immersi in una vasca da bagno con soltanto un filo d'acqua. C'è da dire che ogni tre ore il liquido amniotico si riforma completamente e che quindi il piccolo non resterà mai all'asciutto.

In ogni caso, per evitare la spiacevole evenienza, all'avvicinarsi delle ventiquattr'ore il parto può essere incoraggiato mediante la somministrazione di una sostanza miracolosa e devastante, la OSSITOCINA. Il ginecologo dice all'ostetrica la parola magica "ossitocina", e magicamente compare una flebo e un piccolo ago e il piccolo ago viene inserito in una vena del braccio della partoriente e di lì a poco le contrazioni diventano violente e ritmiche come un assolo di Mitch Mitchell, il batterista dei Jimi Hendrix Experience, più di un rave party, gli occhi di lei escono dalle orbite quasi, il dolore si fa insopportabile – chiunque può vederlo – la disgraziata si guarda intorno senza vedere niente, senza riconoscere le facce, i luoghi, tale e quale a un animale che non sappia che cosa gli stia capitando.

La prova inconfutabile che qualcosa di serio avviene, risiede, per il padre democratico, nell'osservazione del monitor che misura le contrazioni. I valori massimi aumentano di un terzo e il grafico (per tutto il tempo del monitoraggio le contrazioni disegnano su carta millimetrata tracciati che assomigliano al modo in cui i quotidiani rappresentano le tappe del Giro d'Italia), il grafico – si diceva – disegna picchi svettanti, pazzeschi, sadici, una serie di salite da spaventare pure il leggendario scalatore Vladimiro Panizza. I tracciati che seguono alla somministrazione dell'ossitocina sarebbero un'esagerazione perfino al Giro del Nepal, se ne esistesse uno. Il vantaggio dell'ossitocina è che velocizza davvero. Dal momento in cui entra in circolo, tutto avviene a scapicollo che non c'è neanche il tempo di rendersene conto. Lei soffre da matti, ma così tanto che è quasi incosciente.

L'ossitocina non è l'unico modo di indurre il parto. Esistono tecniche manipolatorie come il distacco delle membrane (l'ostetrico decide di allontanare le membrane dalla cervice usando le mani, è un procedimento fastidioso, ma abbastanza efficace) o come l'AMNIOTOMIA che consiste nella rottura chirurgica delle membrane (cioè delle acque) con uno strumento tipo uncinetto. Ed esistono tecniche farmacologiche: oltre all'ossitocina, ma meno radicale, esiste la soluzione prostaglandine che viene inserita nel collo dell'utero sotto forma di ovulo o di gel e ha, generalmente, un decorso di sei/otto ore. Non è garantito che gli ovuli di prostaglandine diano effettivamente il via alle contrazioni. Non è detto, cioè, che siano efficaci. È sicuro, però, che ammorbidiscano la cervice in modo da attutire l'effetto doloroso dell'ossitocina che viene somministrata se la prostaglandine non ha raggiunto il suo scopo. Il parto indotto non è comunque maggioritario. Nell'ottantacinque percento dei casi le contrazioni iniziano entro ventiquattr'ore dalla rottura senza aiuti, spontaneamente.

Ricapitoliamo, per chi era distratto, le fasi del parto più frequente, tenendo ben presente che si tratta di una schematizzazione e che ogni variazione sarà bene accolta dal Dio che presiede alla nascita degli esseri umani.

Il parto classico si compone di quattro fasi:

*Periodo prodromico*: otto ore per il primo figlio, quattro per il secondo, terzo, quarto ecc.; caratterizzato da contrazioni alcune volte fastidiose, ma non sempre avvertite; unico segno esterno possibile la perdita del "tappo di muco".

*Periodo dilatante*: quattro-cinque ore per le nullipare, un paio per le pluripare; dolore generalizzato; avanzamento non uniforme, battute d'arresto a iosa; il collo dell'utero si appiana e si dilata (chi ha già avuto figli appiana e dilata contemporaneamente); le membrane si staccano dall'utero e formano la borsa delle acque che si incunea nella cervice e ne favorisce la dilatazione; la testa del nascituro si impegna, portandosi alla bocca dell'utero; il movimento provoca la rottura tempestiva delle acque (intempestiva = avviene a dilatazione incompleta; prematura = avviene quando il travaglio non è ancora iniziato; tardiva = arriva quando è già iniziata la fase espulsiva).

*Periodo espulsivo*: un'ora per le nullipare, trenta minuti per le pluripare; il tunnel e le sue strettoie sono descritte nel capitolo precedente (pagina 151); culmina, sempre, con la nascita.

*Periodo di secondamento*: trenta minuti; si tratta di espellere i cosiddetti annessi fetali, placenta e simili, dopo la nascita del bimbo; se il padre ha assistito al parto, ora è impegnato a lavare e pesare il bambino, e se non ha assistito, molto probabilmente non vuole saperne perché una cosa così gli fa impressione.

## IL PARTO CESAREO

Difficile che il termine venga da *Caesareus*, Cesariano, attributo di Giulio Cesare, poiché si sa che sua madre, Giulia, sopravvisse al figlio e a quei tempi la cosa era impossibile, perché di cesareo si moriva. Sempre.
Più probabile che l'origine dell'espressione si debba al latino *caedere* (tagliare) e ai suoi derivati *caesura* (taglio) e *caesor* (tagliatore): la stessa radice di cesoia, quindi. Le notizie storiche si inseguono: l'imperatore romano Numa Pompilio vietò di seppellire le donne incinte, ma è improbabile che l'editto fosse dovuto al dovere morale di estrarre i bambini rimasti a metà strada nel ventre. La profezia ingannevole del *Macbeth* di Shakespeare (Macbeth: «Io possiedo una vita stregata, che non soccomberà a uno nato da donna», Macduff: «Dispera della tua stregoneria e il tuo padrone, il demonio, ti dica che Macduff fu strappato prima del tempo dal ventre di sua madre») testimonia che il parto cesareo era diffuso già nel 1600. In effetti, è certo che un certo Jeremias Trautmann eseguì nel 1610 a Wittemberg un parto cesareo, come è certo che non fu la partoriente a raccontarlo. A Parigi, dal 1787 al 1887, racconta un tale Budin, tutte le disgraziate che furono sottoposte a cesareo ci lasciarono le penne. Solo nel 1876-77 due medici, Sälger ed Edoardo Pozzo, introdussero le innovazioni che avrebbero permesso alle poverette una più alta probabilità di sopravvivenza. Da quel giorno si fecero molti passi in avanti: il medico Frank di Colonia mise a punto nel 1907 la tecnica che, opportunamente modificata, è in uso ancora oggi.

Prima di affrontare, finalmente, la nascita e le emozioni del padre, occorre parlare di un'evenienza non troppo rara (per dire: 28,6 percento in Italia, 28 percento negli Usa, 30 percento in Brasile): quella del famigerato taglio cesareo.

L'Organizzazione mondiale della sanità raccomanda di limitarne l'incidenza a una percentuale non superiore al 10 percento, un consiglio che però viene disatteso. Il cesareo presenta, infatti, per i medici, una comodità un po' macellaia, per le donne è meno doloroso (si fa in anestesia totale e anche, ma solo da qualche tempo, parziale, epidurale o spinale) ed è meno squassante di un parto normale. Ma, salvo casi speciali, non comporta vantaggi per il bambino. Posto che pochi padri decidono di assistere, sapere a che cosa va incontro la propria famiglia in questo caso, può essere utile. Esistono femmine che per i motivi più vari – paura e desiderio di conservarsi belle, in primo luogo – chiedono preventivamente di partorire così. Molte di loro non sanno che il parto cesareo è stato, nei secoli, l'esempio più indiscutibile e ingiustificabile di macelleria sul corpo femminile. Quando nei film si vede l'ostetrico chiedere al padre di scegliere se salvare lei o il bambino, si tratta invariabilmente di cesareo.

Tecnicamente, per quanto un po' cruento, non si tratta di un intervento complicato. Che sia programmato in anticipo per non far soffrire troppo la signora o deciso dal ginecologo per precauzione (il bambino tarda a nascere) o in emergenza (c'è un pericolo per il bambino), avviene sempre allo stesso modo. Per prima cosa si somministrano alla donna degli antibiotici per evitare rischi di infezioni pelviche, si rasano i peli del pube, si disinfetta l'addome e si pratica l'anestesia che sempre più spesso non è totale, ma epidurale o spinale. Quando l'anestesia fa effetto si pratica l'incisione. Si tratta di un taglio orizzontale sotto l'ombelico, lungo pochi centimetri, da cui esce il sacco amniotico che a sua volta viene inciso. Una macchina aspira il liquido. A questo punto l'ostetrico, armato di ventosa o a mani nude, afferra il bambino, mentre con l'altra mano spinge sulla parte superiore della pancia per aiutarlo a uscire. Solitamente durante l'operazione la donna tiene gli occhi su un monitor. Sempre che sia sveglia, ovviamente. Niente di più semplice, una faccenduola che dura non più di un'ora e che presenta alcuni indiscutibili vantaggi: la madre soffre di meno, il suo corpo rimane quasi integro e il bimbo fa il suo debutto in società molto, ma molto meno ammaccato che facendosi la discesa senza prendere scorciatoie. Solo che non è un parto vero e proprio e non è dimostrato che al piccolo faccia bene. Ma neppure che faccia male.

L'altro grande dilemma dei parti di oggi riguarda l'epidurale. Ovvero il ricorso a un qualsiasi tipo di anestesia, di cui l'epidurale rappresenta il tipo più frequente. Nel caso è bene deciderlo per tempo in modo da effettuare gli esami necessari a stabilirne la tolleranza. Si pratica quando la dilatazione è già avanzata, per cui una bella fetta di contrazioni e di dolore è ineliminabile. L'epidurale è fantastica, anche se non tutti la consigliano. A un certo punto del parto arriva l'anestesista, controlla cartelle cliniche e, se tutto va bene, procede. La signora si mette seduta e l'anestesista la fa espirare e inspirare. Poi le chiede di stare immobile e introduce l'ago nella spina dorsale. Di solito lo fa attraverso un tubicino (catetere) collegato a uno strano aggeggio, una specie di pressa a tempo in cui è infilato un bel siringone. Il fine è quello di rilasciare la bupivicaina, la sostanza miracolosa, goccia a goccia e solo nella quantità necessaria. È consigliabile che ago, tubicino e macchinario continuino a rimanere al loro posto e ad agire solo fino a fase espulsiva iniziata, fino a quando cioè la sensibilità ridiventa necessaria per spingere e favorire la nascita del ragazzetto. Il miracolo avviene dopo circa mezz'ora dalla somministrazione. Se fino a quel momento la futura madre era stata il dolore divenuto essere umano, da quando l'anestesia fa effetto riacquista una parvenza e comportamenti antropomorfici. Sorride, perfino.

Non è che, come dicono alcuni relitti femministi e new age durante i corsi preparto, non è più presente a se stessa. Anzi, laicamente, si può sostenere che una bestia squassata dal dolore e piena di paura non può essere cosciente di niente. Chi fa l'epidurale probabilmente è in grado di godersi la nascita molto di più di chi partorisce in modo naturale. Ma se una sente di farcela in modo naturale perché no dopotutto.

Anche sull'epidurale ci sono pareri contrastanti. Non sempre funziona a meraviglia e non tutte provano le stesse sensazioni. Il 18 percento delle donne che ha partorito con l'epidurale sostiene che non lo rifarebbe mai. È una percentuale alta, che lascia però intatto un 82 percento di ragazze entusiaste. Statisticamente, scrive Sheila Kitzinger, piace a chi lo ha deciso prima, dispiace se viene vissuta come un'imposizione o se qualcosa non va per il verso giusto. Nella normalità dei casi, dal momento in cui la bupivicaina scende in corpo, la donna non sente alcun dolore. Di contro l'anestesia può allungare il travaglio e richiedere, se durante la fase espulsiva la donna non riacquista sensibilità, ulteriori dosi di ossitocina per provocare spinte artificiali. Tra gli altri effetti collaterali possibili, oltre a un eventuale calo di pressione, c'è l'aumento del rischio di cesareo e di ricorso alla ventosa, la completa insensibilità delle gambe, un senso di gelo alla pancia, gambe e sedere. Esiste poi l'eventualità che l'anestesista sbagli e raggiunga una parte della spina dorsale chiamata "dura madre" provocando insensibilità completa e un mal di testa molto forte che può protrarsi anche per alcuni giorni dopo il parto. Altra variante è un'anestesia dimezzata che lasci una metà del corpo esposto ai dolori e l'altra addormentata. Si tratta, comunque, di eventualità rare. Di solito va tutto benissimo. Non sono dimostrati, viceversa, gli effetti sul bambino: è sicuro che l'anestesia raggiunge anche il corpo del pupattolo, innervosendolo secondo alcuni studi, intontendolo secondo altri. Come dire, nostra sorella la scienza non è arrivata a stabilire in materia alcuna verità inconfutabile tranne l'efficacia.

Quando si tratta del piacere che secondo il vecchio Epicuro altro non è che assenza di dolore, l'ingegno dei bipedi implumi diventa più acuto. L'epidurale non è l'unica strategia medica utile a limitare il dolore del parto. Esistono una serie di farmaci che possono essere impiegati per calmare la partoriente e metterla nella condizione di affrontare le contrazioni più devastanti. Si tratta di analgesici (tranquillanti) come il diazepam (valium), la petidina, metrazinolo, prometazina e entonox (protossito d'azoto e ossigeno da inalare attraverso una maschera, una soluzione molto usata in Inghilterra). Un accenno lo meritano pure ipnosi e agopuntura che in Cina viene usata con buoni risultati anche per i parti cesarei. Non c'è bisogno di dire che è tutta roba che riguarda anche il bambino che può venire al mondo un po' rimbambito.

Esistono alcuni tipi di anestesia che vengono impiegati in alternativa all'epidurale. C'è la cosiddetta perineale che si differenzia dall'epidurale perché l'iniezione viene fatta dalle parti del perineo, la zona che sta tra ano e vagina nelle donne e negli uomini tra testicoli e ano. Presenta più o meno gli stessi vantaggi e difetti dell'epidurale. In ultimo un accenno ad anestesie per fortuna in disuso che solo a descriverle vengono i brividi: il blocco paracervicale, iniezioni a raffica intorno alla cervice che in un caso su dieci provocano un rallentamento nel battito cardiaco del nascituro e a volte la morte; e l'anestesia spinale che anestetizza dalla pancia alle ginocchia e impone alle puerpere di rimanere sdraiate un bel po' di ore dopo il parto per evitare furenti mal di testa. Come se non bastasse, pare che l'anestesia spinale sia pericolosa anche per il bambino. Che ha meno ossigeno a disposizione mentre compie la faticaccia ingrata di venire al mondo a conoscere, finalmente, mamma e papà.

# La paura e la distanza

*Ormai lo maneggiava come un campione di pelota basca maneggia il suo cesto. A volte avvertiva dentro di sé un preoccupante eccesso di sicurezza. Invece nebbiosamente sapeva che il pericolo, da quando era nato, si aggirava ovunque. Attraversare la strada, piangere, mangiare, muoversi, vivere: tutto, potenzialmente, preparava agguati. Capì che la paura non gli sarebbe passata mai. Che negli anni a venire si sarebbe trattato soltanto di tenerla a bada e di farsela amica. Ma erano pensieri astratti, e continuò a far lavorare la testa, mentre il bambino sul passeggino si guardava intorno come dal finestrino di una vecchia carrozza a cavalli. Alle soglie dei tre mesi di vita, il microbo mostrava di interessarsi ai contorni del mondo. Due o tre volte aveva addirittura avuto la sensazione che lo riconoscesse o che volesse darglielo a credere. Possibile che anche tra i neonati fosse sviluppato l'istinto della piaggeria? Lentamente i due entravano nella parte, capivano chi erano e che cosa ci stavano a fare sul pianeta Terra. Il poppante si limitava a muovere gli occhi. Il padre non si sentiva più così a disagio. Aveva semplicemente capito e accettato la prima verità. Per il figlio lui sarebbe stato per sempre l'altro, la prima altra cosa, il primo fuori, il primo oggetto tangente e complementare, ma non avrebbe mai sovrapposto neppure un pezzetto di sé alla identità profonda del figlio. L'essere dell'adulto iniziava dove finiva quello del bambino. Per sua madre era diverso. Una parte di lei, per sempre, anche a cent'anni con il figlio settantenne, sarebbe rimasta dentro il bambino e una parte del bambino si sarebbe incrostata dentro la madre. L'identità di quell'essere umano nuovo di zecca non si sarebbe mai disgiunta del tutto da quella di chi lo aveva espulso dal suo corpo, di chi lo aveva cresciuto con il suo corpo, e lo nutriva dal suo corpo in una spettacolare sublimazione del cannibalismo in amore e necessità. Il padre sarebbe stato quello a cui ribellarsi e quello da imitare, quello da distruggere e quello da ammirare. Lontani, per quanto prossimi. Due esseri umani che si sarebbero sfiorati. Per tutta la vita.*

# L'altro. Il quarto uomo

Esserci o non esserci,
questo è il problema.

*Pseudoamleto*

L'altro siete voi, è questo il problema. L'altro è il padre e questo è un problema. Un problema che ha a che fare con la gelosia, innanzitutto, e poi con l'invidia. Lei è la partoriente e arbitra la partita, lui è il bambino e deve giocarla, i guardalinee sono ginecologo e ostetrica. L'unico ruolo vacante è quello del quarto uomo. Non conta nulla, ma è meglio di niente. Forse. All'inizio del 1500 un uomo venne bruciato ad Amburgo perché aveva osato assistere a un parto travestito da donna. Il poveretto era medico, aveva un interesse professionale, i giudici non considerarono che fosse un'attenuante. L'idea che la presenza di un uomo alla nascita portasse sfortuna è una superstizione che ha resistito in Occidente almeno fino a quindici anni fa. Prima di allora – e anche questo soltanto a partire dal 1700, quando in Europa nacquero le prime scuole di ostetricia – i medici erano gli unici maschi a poter ficcare il naso nella faccenda del nascere. Questa assenza nei momenti cruciali era ripagata, però, da un assoluto potere sull'esistenza dei figli: nel Codice civile napoleonico, che rimase in vigore per quasi cent'anni, il padre aveva diritto di "correzione paterna": se lo riteneva necessario gli veniva riconosciuta l'autorità di fare incarcerare i figli.

Lenta e faticosa fu la conquista della presenza che oggi inizia ad apparire come un diritto: inizialmente la professione dell'ostetrico era ambita dai giovani medici perché permetteva di conoscere famiglie ricche, le uniche che potevano permettersi un ostetrico, e farsi così una bella clientela. Ma il potere restava saldamente nelle mani delle levatrici: gli ospedali erano più zozzi delle abitazioni private, e per questo nelle cliniche la mortalità da parto era ben più elevata che in casa. Si chiamavano "febbri puerperali", erano infezioni che le donne prendevano partorendo tra lenzuola in cui avevano sudato, cagato e sanguinato cento altre, aiutate da mani grondanti di schifezze e da strumenti ancora più sporchi. Fu solo quando si scoprì che i responsabili di infezioni e malattie erano creaturine invisibili dette microbi (e che l'unico modo di tenerle a bada era pulire per bene le mani e bollire a lungo bisturi e forcipi) che la mortalità da parto iniziò a calare, gli ospedali sostituirono gradualmente le case private e i medici maschi scalzarono le levatrici dal loro ruolo di sacerdotesse della nascita. Non stiamo parlando del Medioevo, ma di meno di un secolo fa. Com'è lenta la storia, com'è pigro il progresso.

A capire che diventare padri non è mica un lavoro da ridere a livello psicologico, che un po' di neuroni e di emozioni e di ristrutturazioni dell'Io li mette in gioco, non fu il vecchio Sigmund Freud (che risolse la questione con la regoletta semplice semplice del complesso di Edipo: il lattante desidera copulare con la madre e uccidere il papà), ma un suo giovane allievo, Wilhelm Reich. Nel 1914 descrisse un tipo strano che mentre la moglie era incinta, lamentava svariati disagi e malanni: un senso di nausea, inappetenza e contemporaneo aumento di peso, dolori alla pancia e ai reni. La chiamò "sindrome della covata" e descrisse la possibilità, non frequente, ma neppure rarissima, che i padri si identifichino a tal punto, per invidia e compartecipazione, con la moglie gravida da soffrire degli stessi sintomi.

La superstizione in qualche modo era fondata. L'idea che gli uomini portassero sfortuna procurava alle donne l'indiscutibile vantaggio di tenere i maschi fuori dai piedi e le faceva sentire finalmente padrone di qualche cosa. Agli uomini donava la possibilità, altrettanto indiscutibilmente vantaggiosa, di non fare fatica e di non sporcarsi le mani. Nella seconda metà del Novecento le cose iniziarono a cambiare di nuovo: il movimento femminista accusò medici e ospedali di "medicalizzare il corpo femminile" a partire dalla posizione imposta alla partoriente. Il modo più naturale di far nascere un bambino, si diceva, non è da sdraiate, ma da sedute, inginocchiate o accovacciate. Che cosa volete saperne voi che siete maschi? In effetti, nessuna statuetta votiva preistorica, nessuna antica stampa mostra le donne che partoriscono distese. Anche se quello della naturalità è un argomento debole (anche la cacca è naturale, anche i microbi e le febbri puerperali lo sono), c'è da dire che le donne sulla questione un po' di ragione l'avevano. Quella battaglia si potrebbe leggere, però, anche come espressione della volontà femminile di riconquistare il dominio sul parto, uno dei pochi ambiti della vita ceduti ai maschi, a fronte degli innumerevoli conquistati. Sta di fatto che, una volta affermata la ragione, ci si ritrovò con un terzo incomodo: il padre. Alcune volte veniva preteso (i maschi devono assistere al parto per soffrire anche loro), altre volte invocato (per assistere la donna e per responsabilizzarsi come genitore), altre ancora rifiutato (in alcuni ospedali e in molti corsi preparto si capisce che la presenza maschile in sala parto è avvertita come un inutile fastidio o, al massimo, come un male necessario).

Difficile dire, dunque, se sia meglio esserci o aspettare fuori. Va detto che per partecipare bisogna desiderarlo, pur con tutti i dubbi e le paure che questa decisione comporta. Sicuramente è necessario avere una donna che, se anche non entusiasta, almeno non è terrorizzata al solo pen-

# BENVENUTI IN SALA PARTO

*Sapere com'è fatta può essere utile. Sapere chi sta dove e a fare che cosa, ancora di più*

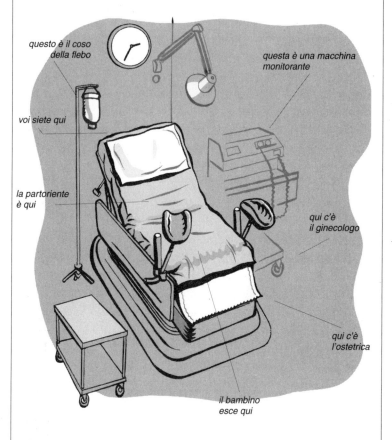

questo è il coso della flebo

questa è una macchina monitorante

voi siete qui

la partoriente è qui

qui c'è il ginecologo

qui c'è l'ostetrica

il bambino esce qui

| PRESENZE IN SALA PARTO SECONDO L'ISTAT (1999-2000) | | | | | | | |
|---|---|---|---|---|---|---|---|
| ITALIA | Padre futuro | Madre di lei | Madre di lui | Amica | Parenti vari | Altro | Nessuno |
| Nordovest | 81,7 | 3,6 | 0,3 | 0,1 | 1,4 | 0,1 | 12,8 |
| Nordest | 77,3 | 4,1 | – | 0,6 | 1,1 | 0,8 | 16,2 |
| Centro | 62,6 | 5,9 | – | 0,5 | 3,1 | 2,4 | 25,4 |
| Sud | 31,5 | 14,9 | 1,1 | 1,2 | 2,7 | 0,7 | 47,9 |
| Isole | 51,5 | 9,1 | 2,3 | 0,2 | 3,0 | 0,4 | 33,5 |
| MEDIA | 59,5% | 8,0% | 0,7% | 0,6% | 2,2% | 0,8% | 28,2% |

siero di avervi di fianco. Imporre la propria presenza è un rischio che si può risolvere con lacrime d'amore oppure con risentimenti sempiterni. Quello che si può dire è che assistere a una nascita, e a maggior ragione alla nascita del proprio bambino, è l'esperienza più intensa e violenta che a un satollo maschio occidentale sia dato di provare. (Sempre che non scoppi la Terza guerra mondiale.) Non è piacevole e non è divertente. È qualcosa di diverso e di più. Dev'essere – ci si perdoni l'ennesimo paragone sportivo – come entrare in campo durante una finale dei Mondiali e segnare il goal della vittoria dopo aver scartato tutti gli undici avversari e incassato tacchettate e gomitate da ognuno di loro. Non esserci è come decidere di non giocare, ma se uno non se la sente fa bene a rinunciare. Anche per rispetto dei milioni di tifosi a casa.

Prima di descrivere il vissuto soggettivo dal lato paterno del parto, che è il tema di questo ultimo capitolo, converrà passare in rassegna i dubbi più frequenti, le paure più incontrollabili, i disagi più taciuti. Anche perché molti di questi dubbi dipendono dal fatto che quelli che hanno assistito all'evento raramente lo raccontano agli amici. Accennano. Parlano di "esperienza più forte che ho avuto", di "violenza", di "emozione", ti dicono "sono stravolto", "ho perso dieci anni", ma non si soffermano a descrivere quello che veramente succede là dentro. Ed è naturale che la prospettiva di affrontare l'ignoto faccia paura. Schematizzando si può parlare di tre gruppi di paure:

*Paura di non farcela.* Ovvero di svenire, di vomitare, di non reggere all'emozione del sangue e del dolore di chiunque e della propria donna in particolare.

*Paura di sentirsi inutili.* Ovvero di sentirsi fuori luogo, come analfabeti a un raduno di premi Nobel, senza sapere bene che cosa fare e cosa dire, come aiutare e incoraggiare.

*Paura di essere rifiutati.* Ovvero di subire l'ostilità diretta o indiretta della donna e dei medici.

Esiste poi la scuola dell'"è roba da donne", ma per fortuna è minoritaria. Si tratta di un atteggiamento che ha a che fare con l'ignoranza, intesa come chiusura, e quindi con la paura, quella vera, ingiustificata, che poi è sempre paura di sé. Vibra, in coloro che sostengono questa posizione, l'idea che esserci in fondo sia roba da finocchi, una debolezza da fricchettoni o da pappemolli. Un'idea che si commenta da sola e su cui non vale la pena di spendere troppe parole, anche perché pochi John Wayne faranno la fatica di leggere questo libro. Altra tipologia marginale è rappresentata dai pigri e dagli indifferenti, ma anche in questo caso, per le ragioni di cui sopra, è inutile andare oltre a un accenno. In realtà, pochi uomini che abbiano presenziato a un parto dichiarano di essersene pentiti. Discorso diverso, invece, per le paure ai punti uno, due e tre che hanno tutte fondati motivi di esistere.

La paura più forte, quasi invalicabile, è quella di non farcela. Il parto è effettivamente un'esperienza violenta. Ma è più violenta per il bambino e per la madre che per il padre. Alcuni riferiscono di essere rimasti impressionati dalla voce ancestrale, quasi animalesca delle grida della donna; altri dall'intensità del suo dolore e dalla propria assoluta impotenza; alcuni raccontano che è la vista del sangue, unita al contesto ospedaliero, a fare paura; altri sostengono che a terrorizzarli è l'idea che qualcosa possa non andare per il verso giusto e di non avere nessun potere su ciò che accade. Le ostetriche raccontano che molti padri reagiscono concentrandosi sull'aspetto tecnologico della questione. Osservano le macchine e pretendono che gli venga spiegato a che cosa servono e come funzionano oppure vorrebbero che ginecologo, ostetrico e partoriente si alternassero in un "Tutto il parto minuto per minuto" a loro uso e consumo. È ovvio che tutti questi atteggiamenti rispondono all'ansia di tenere la situazione sotto controllo. È ovvio anche che la presenza di un ispettore di produzione in sala parto può solo essere fastidiosa. Esistono casi in cui bisogna lasciarsi andare e affidarsi a chi ne sa di più. Il parto è uno di questi casi, anzi è di gran lunga il più importante tra questi. Bisogna ficcarsi bene in testa e accettare preventivamente l'idea che la propria presenza non è necessaria, che si è spettatori. E che solo in questo modo si può essere d'aiuto.

Dicevamo che il parto è violento. Però bisogna intendersi sul tipo di violenza di cui si parla. Non è violento come vedere una mucca che viene macellata e neppure come assistere a un incidente stradale. Non è neppure una lite condominiale, una rissa da bar, un bombardamento a tappeto, una guerra di trincea. Il parto è violento a modo suo. È talmente diverso da tutto il resto che avviene in giro, che parlare di violenza è fuorviante. Si può dire che è doloroso, ma molte cose sono dolorose nella vita. Le donne dicono spesso che "è dolore per qualcosa" e c'è del vero: difficilmente, a parte i tatuaggi, il dolore "è per qualcosa". Però, forse, la parola che rende meglio la specificità del parto è "intensità". Più che violenta, l'esperienza del parto è intensa, vivida, assordante. Il sangue non è molto e comunque il padre, che sta dietro o di fianco alla donna, non è in grado di vederlo. Le contrazioni sono squassanti, sono come una colica elevata a potenza, ma vengono e scompaiono e quindi ti gettano in un ritmo che normalmente finisci per assecondare e seguire anche tu. Le urla sono diverse da ogni altra voce sentita fino ad allora, ma diverse a tal punto che insieme a un po' di spavento riescono anche a stupire: è incredibile che suoni così poderosi rimangano nascosti per tanto tempo nella gola delle donne. In ogni caso sono molto pochi quelli che svengono o che vomitano, anche se alcuni lo fanno. Il motivo è semplice: ciò a cui si assiste è talmente straordinario che non si reagisce con i normali modelli di comportamento.

Diceva qualcuno che il momento in cui si nasce è della vita quello più vicino alla morte. Probabilmente è una cazzata. A meno che non si voglia dire che il momento della nascita è così intenso che sembra vita concentrata, tanto concentrata da sembrare insolente e insostenibile. Ecco, forse uno degli insegnamenti di quel momento è che la vita non è, come tendiamo a pensare, qualcosa di flebile e miracoloso, una specie di fumo e di alito pronto a disperdersi, ma un mostro allegro e bizzarro che ti abita in corpo e ti costringe a fare le peggio cose, e le più insensate, tra le quali riprodurti, ridere o guardare un film. Quando si vede un bambino nascere non vengono in mente Gesù Bambino roseo e neppure la cicogna bianca. Vengono in mente quelle erbacce che crescono ai lati delle autostrade e che per crescere spaccano l'asfalto e lo fanno non perché vogliano vivere e morire sul ciglio di un'autostrada, ma perché non possono fare altro. Hanno dentro un inquilino dispotico, un padrone prepotente che non si placa se non con la vita.

Con questo arriviamo alla seconda paura: essere inutili. A ben vedere si può sostenere con un paradosso che tutti, durante il parto, sono inutili. Compresa la madre che raramente riesce a controllare quello che le sta succedendo in corpo; compreso, a maggior ragione, il bambino che viene spinto a calci in culo nel buio, non si sa da chi, non si sa perché, verso qualcosa di cui non sa assolutamente nulla. Certo, una delle sensazioni più tipiche degli uomini che presenziano è di sentirsi come quegli attaccapanni d'acciaio muniti di ruote da cui pende la flebo, sempre presenti nelle sale parto. Il fatto è che sono ingombranti e poco agili e non si sa bene a che cosa servano. Però servono. Si finisce per parlare a loro come a fratelli, nel tentativo di cercare conforto, la gioia di uno sguardo, il sollievo di un sorriso. E a volte quei cosi quasi rispondono, o sembrano farlo, con la loro strana, grottesca silhouette lucente e le loro rotelle. Ma sentirsi inutili, ed esserlo davvero, non ha mai ucciso nessuno.

È solo accettando di essere presenti e assumendo questa espressione nel suo significato originario, cioè nel significato di presenziare, che si riesce anche ad assistere, nel senso di osservare e di aiutare. Bisogna capire che in sala parto non si possono fare miracoli. Bisogna capire che il compito del padre è uno ed è semplice: esserci. Esserci e non esserci, contemporaneamente, è questo il problema. Allungare una mano quando serve e ritrarla quando è inutile. Dire poche parole a bassa voce, evitare di dare consigli, di rimproverare e di chiederle: «Hai capito cosa ha detto il dottore?». Tacere molto. Lasciar fare a chi deve fare. Incoraggiare, ma non come si incoraggia un mediano ad abbattere la mezzala lanciata a rete, piuttosto con uno sguardo o una mano. Sforzarsi di restare calmi e di comunicare calma e, altrimenti, ritrarsi. Può essere d'aiuto dirle che è brava, bravissima. Si tratta di una cosa seria. Eppure si può ridere mentre si partorisce, e spesso si finisce per ridere. Il parto è l'unico momento della vita in cui l'inutilità coincida con l'utilità. Forse ce n'è un altro: è stare vicino a uno che muore.

Se si accetta la propria inutilità, se si saluta un fratello nel coso che regge la flebo, si sarà ricompensati. Dopo aver partorito, tutte le donne che hanno avuto al fianco un compagno semplicemente presente, anche quelle che prima sembravano meno entusiaste all'idea, diranno che "lui è stato fondamentale", "di grande aiuto". Anche se a lui pare di non avere fatto proprio nulla. Nulla di più del coso della flebo, almeno, con il quale peraltro non si complimenta nessuno, povero coso.

Siamo alla terza e peggiore paura: essere rifiutati. Gira nelle corsie d'ospedale e alle cene tra amici una specie di leggenda metropolitana che in molti assicurano vera. Si racconta che esistono donne che mentre soffrono gli spasimi del parto non trovano di meglio che scaricare la propria aggressività sul responsabile di tanta sofferenza: «Hai voluto scopare, bastardo? Guarda come mi hai ridotto, figlio di puttana». Fosse vero, e probabilmente lo è purtroppo, trattasi di tragedia. Così, sulle prime, viene da suggerire di sopportare in silenzio, farle fare l'uovo, mettere al sicuro il bambino e poi uscire a comprare le sigarette per non tornare più. Poi la razionalità subentra e fa il suo lavoro. E si possono tentare alcune giustificazioni per l'aberrante comportamento. In fondo non è troppo diverso da chi morde qualcosa, perfino la mano di chi commette l'errore di porgerla, per sopportare meglio il dolore. In fondo insultare è un modo come un altro per scaricare l'aggressività. Era fuori di sé, povera cocca. Non sapeva quel che diceva. Perdona loro... Sono giustificazioni che reggono. Ma a fianco di donne così l'esperienza del parto rimarrà un brutto ricordo. Peccato. Uniche reazioni possibili sono darle uno schiaffo per farla tornare in sé (ma poi vi tratterà male anche l'ostetrica), starsene zitti e incassare, oppure uscire. Tutto questo per dire che questa paura è, a guardar bene, la più seria e quella più motivata. Le donne insultanti sono però molto rare. Ancora più raro incontrare ostilità pregiudiziale nei medici e nelle ostetriche, benché le persone pessime nel mondo non manchino. Può verificarsi la variante suocera che, per stare di fianco alla sua bambina, è capace di sbatacchiare a destra e a manca il culone per sbarazzarsi degli avversari. Ma anche la suocera, sempre che la figlia preferisca voi, può essere tenuta a bada. La verità è che di fronte a questa paura c'è poco da fare e poco da dire. Se uno viene rifiutato davvero e non è paranoico, non ha che una soluzione: la ritirata strategica. Vorrà dire che assisterà alla nascita del prossimo figlio, magari fatto da un'altra.

L'unico serio effetto collaterale del parto – testimoniato dalla scienza, oltre che dal senso comune – riguarda il caso di uomini che attribuiscono alla visione della partoriente un forte calo del desiderio, nei casi più gravi la scomparsa totale, a nascita avvenuta. È questa una preoccupazione condivisa anche da molte donne. La spiegazione che si dà chi soffre di difficoltà sessuali è che la vista della donna, affannata, dolorante, spaventata e sudata e, cosa più grave, dilatata, può indurre nei maschi uno choc tale da mozzare le dita a qualunque prurito. Si tratta però di una spiegazione non del tutto soddisfacente. Sgombriamo il campo dall'idea che si possa assistere a un parto dalla parte dell'uscita del bambino. Il genitore maschio che decida di esserci godrà di una prospettiva molto meno sanguinolenta, si siederà di fianco alla donna o prenderà posto alle sue spalle. La visione dell'organo sessuale femminile mentre partorisce è, per fortuna, risparmiata a chi non ne faccia esplicita richiesta, d'accordo con la partoriente. Inoltre, l'inappetenza maschile post partum riguarda non soltanto coloro che assistono in prima fila, ma anche molti che aspettano in sala d'attesa. È plausibile allora che l'origine di questo tipo di disagio non vada cercata nell'esperienza del parto in se stessa, per quanto intensa possa essere stata, ma in guazzabugli psicologici molto più profondi e intricati. Letale è, con ogni probabilità, la sovrapposizione dell'immagine della propria donna con quella della propria madre, o meglio della madre in generale, dell'idea della madre, che per molti uomini, e per quelli italiani in particolare, è incompatibile con l'idea di sesso, di umori corporei e di lenzuola stropicciate. Vale, anche in questo caso, il consiglio già offerto: chiunque abbia timore di non desiderare più la propria donna una volta diventata madre si astenga dal presenziare. Non morirà nessuno. Qualcuno nascerà.

Di fasi del parto, contrazioni, acque che si rompono e "tappi di muco" abbiamo già parlato. Ora è il caso di raccontare questa successione di eventi dal punto di vista del padre. Siete arrivati al punto che tra voi e lei c'è un pancione mongolfierico che se ne sta lì appeso, duro come un immenso seno siliconato. Ogni tanto sbotta, sussulta, si muove. Testimonia che dentro quella rotonda gobba da dromedario c'è vita e non solo il sabato sera. Nell'ultimo mese le sensazioni di lei sono più che mai al centro della vita dei due. È chiaro che qualcosa sta per succedere, ma non è dato sapere quando. È bene prepararsi sapendo che il parto può essere di due tipi:

1) Può essere un'imboscata.
2) Può essere un'*escalation*.

Nel caso più frequente, l'*escalation*, la nascita bussa alle porte del ventre femminile in modo graduale. È un bussare sommesso che si fa più rumoroso fino a diventare simile ai colpi d'ascia di Jack Nicholson in *Shining*. Un giorno, o più spesso una sera, lei sentirà dei dolorini sparsi e ne accennerà appena. Le donne amano lamentarsi, ma di solito sulle cose serie sono pudiche come gatte. Dapprima si tratta di segnali intermittenti, potrebbe trattarsi di cattiva digestione o di mal di schiena. Via via, però, si consolidano e diventano indubitabili. Quando ricevete una telefonata al lavoro, quando vi sveglia nel cuore della notte, per prima cosa dovete affratellarvi il tempo. Allearsi con una macchina, anzi con la macchina da cui derivano tutte le altre, l'orologio, è davvero fondamentale. Perché è dal ritmo delle contrazioni che potete capire se è il caso di correre in ospedale, di farle una camomilla o di tentare di farla ridere. Fino a quando le contrazioni non sono regolari e non restano regolari per un bel po', è inutile anche pensare di mettersi in moto. Il consiglio canonico, in questi casi, è di aspettare che la frequenza delle contrazioni scenda al di sotto dei cinque minuti. Solo che cinque minuti sono veramente brevi ed è difficile rimanere tranquilli mentre lei si dilata ormai a pieno ritmo.

Quando il parto è un'imboscata, le difficoltà diminuiscono, ma la fatica e i rischi possono aumentare. Il motivo più frequente del parto imboscata è semplice: le contrazioni di Braxton Hicks, quelle che preparano il travaglio, non vengono avvertite. Il suo utero lavora, si prepara e lei niente, va a fare shopping. Poi improvvisamente si trova già dilatata, con dolori lancinanti e nessuno ha il tempo di controllare l'orologio e di misurare il ritmo. Può anche succedere, e succede abbastanza spesso, che le acque si rompano prima che le contrazioni siano iniziate. La situazione è già descritta nel capitolo precedente: a un certo momento, di punto in bianco, fiotti di acqua tiepida iniziano a colare dal corpo di lei. I manuali e i corsi consigliano di aspettare anche in questo caso. La nascita deve avvenire entro ventiquattr'ore, non necessariamente prima. Il sospetto che questi consigli siano dovuti alla volontà di non affollare troppo le corsie è forte. Sicuramente, da un punto di vista statistico, dal punto di vista di chi vede nascere mezza dozzina di bambini ogni giorno, il consiglio è sensato. Dal punto di vista dei genitori lo è meno. Perché può succedere che dopo la rottura delle acque ci metta due ore a venir fuori. Niente è garantito e in questo caso non c'è neppure il misero conforto di un cronometro. L'unico consiglio che ci sentiamo di dare è di comportarsi secondo coscienza e secondo il proprio (e di lei, soprattutto di lei) stato d'animo. Nascere, fare nascere e assistere a una nascita è sfiancante. Che ci si stanchi in una corsia o nella vasca da bagno di casa non è molto importante dal momento che se uno è spaventato, neppure la vasca da bagno può essere d'aiuto.

In entrambi i casi, insomma, rimanere a casa senza sapere bene come interpretare la situazione, senza sapere se si ha di fronte la normalità o il pericolo, non è piacevole. Bisogna andare in ospedale (o convocare d'urgenza l'ostetrica a casa) se succede qualcosa che per qualsiasi ragione sembra anormale, se c'è una perdita di sangue consistente (se è solo una scia è il solito "tappo di muco"), se lei è agitata e ingovernabile, se si ha troppa paura, se lei lo chiede e non ha dubbi. È difficile da spiegare, ma il momento giusto è facile da riconoscere. A posteriori. Lo riconosce la madre e lo riconosce il padre. Probabilmente lo riconosce anche il bambino. Solo che è una conoscenza intuitiva, è la conoscenza di qualcosa che non si è mai vissuto in precedenza e dunque è esposta a mille incertezze. Conviene non farsi prendere dal panico e muoversi quando non si hanno più dubbi sul fatto che si tratti della scelta migliore, dell'unica scelta possibile.

Guidare con prudenza, morbidi, senza insultare gli altri automobilisti, depositarla davanti all'entrata, parcheggiare e raggiungerla fa parte dei doveri fondamentali del padre premuroso. Se la situazione non precipita, cioè se non sta partorendo sul sedile, è la cosa migliore da fare. Avere fretta di gettarsi tra le braccia di un ospedale esprime spesso il desiderio di accelerare il tutto, di fare in modo che presto sia tutto finito. Si sappia che è un pio desiderio. Il cretinetti nascerà solo quando ci riuscirà. Non un minuto prima. Avviene così che nella stragrande maggioranza dei casi l'arrivo in ospedale venga vissuto e si riveli come uno stop, una specie di time-out. Le contrazioni rallentano, i medici danno un'occhiata alla situazione e non si agitano per niente. C'è ancora tempo. Bisogna ricominciare da capo. Al posto dell'orologio, c'è una macchina collegata con due elettrodi alla pancia di lei che disegna montagne più o meno acute, più o meno frequenti, e un display elettronico su cui compaiono dei numerini rossi che aumentano e diminuiscono, spesso senza esibire l'ombra di un ritmo. Quando la situazione è più avanzata ci si ritrova su una lettiga, alle frontiere della sala parto.

La sala parto è una piccola stanza. E non ce n'è una sola. Non è una grande camera piena di letti e di donne urlanti. Negli ospedali delle grandi e medie città è composta da varie stanzette con le porte chiuse. Nei corridoi, dove attendono partorienti in barella e padri in attesa accovacciati ai loro piedi, la luce è soffusa, i rumori attutiti. Ogni tanto da dietro le porte si levano le urla femminili. Transitano ostetriche, ginecologi, anestesisti e infermieri. Parlano del più e del meno. La situazione è sotto controllo. La nascita del vostro bambino è l'ultimo dei loro pensieri. Il reame dell'Attesa si trova qui, nel luogo in cui le cose succedono quando scelgono di farlo. È l'ultimo posto rimasto nel mondo in cui non si può affrettare il passo. Qui nulla può essere provocato (in realtà molto può esserlo, ma solo se è il caso) e si impara che all'uomo, nella vita, non è dato che aspettare. La madre soffre, il figlio nasce, il padre ha il privilegio e l'indecenza di fare da spettatore. Ci sono altre persone. A volte si parla. Ci si lamenta. Si pensa di essere stati abbandonati. Non si è stanchi. Troppo agitati per esserlo. È un ambiente sterile. A vederlo non si direbbe. La stanza può essere vecchia e cadente, ma di solito è più disinfettata di ogni altro luogo in cui siate mai stati. Le ostetriche passano, controllano. Quando una stanza si è liberata e il tempo è venuto, vi fanno entrare.

I padri indossano camici verdi di carta e cuffie e soprascarpe. Il camice non è male, di un bel verde scuro con i lacci lunghi che girano intorno al torace e si infiocchettano sul petto. La cuffia è un po' ridicola. Le sovrascarpe sono sacchetti di carta verdoni in cui vanno rinchiusi i piedi. Fare pipì è difficile. Potendo è meglio farla prima. Il parto vero e proprio è iniziato. Siete dentro, la porta è chiusa. Finalmente. Facile che abbiate davanti altre ore. Una branda snodabile (si può abbassare la parte inferiore per farla sedere e alzare quella superiore per farle da schienale), il coso della flebo e un lavandino, la macchina che monitora l'attività del nascituro, un paio di sedie di acciaio, un orologio a muro e nient'altro. C'è un'ostetrica normalmente femmina e un ginecologo normalmente maschio che viene e che va. C'è lei sdraiata e spaventata e ci siete voi che non sapete bene dove stare e vi dicono di sedervi dietro in modo da non intralciare la sacra attività della flebo e della macchina monitorante. La partoriente, a questo punto, ha probabilmente già raggiunto una dilatazione di tutto rispetto e il bambino ha infilato il testolino all'imbocco dell'utero. Se questo non è avvenuto spontaneamente è facile che in corsia le sia stata iniettata un po' di ossitocina. I personaggi: un'ostetrica con la quale sintonizzarsi e un ginecologo intermittente (a meno che non abbiate abbastanza soldi o assicurazioni da pagare la sua presenza costante). Se si è deciso per l'epidurale (10,6 percento in Italia) a un certo punto compare l'anestesista che fa quello che deve fare (vedi pagina 176). Non avviene altro.

Si entra in sala parto quando il travaglio è avanzato, quando il piccolino sta per mettere la testa nel canale dell'utero. Se è nella posizione giusta si inizia con il fatidico "Spinga, signora, spinga". Altrimenti l'ostetrica manovra, sale sul ventre di lei con un ginocchio e spinge con un gomito o viceversa. Le fa un male cane, ma il bambino impara a stare al mondo. Quando la fase espulsiva è iniziata non espongono cartelli, ma si capisce lo stesso. Significa che il corpo del piccolo è già nel canale dell'utero e non si tratta che di spingere per farlo uscire. Il padre siede (o sta in piedi) dietro quella specie di letto su cui è distesa la donna. Se vuole può prendere una sedia e sedersi al suo fianco, ma è molto basso e si sente ancora più inutile. Vede la testa della sua donna e, nell'ordine, il petto su cui si arriccia la camicia da notte, la pancia appena scoperta, il ventre e le gambe aperte. Sul monitor l'attività è frenetica. Non esistono più le contrazioni. I valori sono al massimo. Le viene chiesto di spingere, di respirare e di spingere. Lei deve imparare a farlo, è tutta concentrata. Se spinge nel momento sbagliato è inutile. Deve spingere con un senso, con il corpo più che con la testa, con l'istinto. Può tenervi la mano, farsi accarezzare e perfino baciare. Oppure può respingere ogni contatto perché, si capisce, è troppo concentrata per essere toccata. La asseconderete. Il dolore è forte, ma arrivati a questo punto si ha la sensazione che tutto stia per finire e che si tratti di un dolore più normale, più fisico, meno diffuso e assoluto. C'è una luce in fondo al tunnel, è il caso di dire.

Non è finita. Il periodo espulsivo dura in media un'ora nelle donne al primo figlio e la metà in chi ha già partorito. Un'ora è lunga, ma in questa fase il tempo scompare, tutto scompare. Ogni cosa è così intensamente presente che non c'è modo di pensare e programmare. Il padre, spontaneamente, sposta tutta l'attenzione sulla partoriente, si dimentica che là dentro c'è il suo bambino o la sua bambina, vive i minuti che lo separano dalla nascita senza chiedere e senza immaginare, senza pensare e senza avere paura. Ha da offrire solo la propria presenza e la propria attenzione. E questo è sufficiente. Osserva il volto della donna, quasi confondendo la propria identità con quel profilo. Non avverte più nessuna estraneità rispetto a ciò che sta vivendo. Non può prendere appunti e registrare mentalmente ricordi. È lì, è vivo. Punto.

È un lungo non chiedersi nulla che trascorre come trascorre un esame importante, senza rendersi conto del tempo che passa. Lei spinge, è sudata, rossa in volto. L'ostetrica parla, dà i tempi. Il padre, come il coso della flebo, presenzia. Qualche informazione, per la verità, viene data. Il bambino è qui, ora è qui, manca poco, sei bravissima, ancora uno sforzo… Solo che è impossibile fare la cronaca di una nascita, occorre solo fare e arrivare fino in fondo. Avviene così che si rimane sorpresi quando l'ostetrica dice che il bambino sta uscendo, che la testa è a pochi centimetri dal mondo esterno e per incoraggiare la donna a volte le prende la mano e con le dita le fa sentire che la testina è lì, che al bimbo mancano solo un paio di centimetri, soltanto un paio di spinte. A questo punto tutto precipita, il tempo si mette a correre. Lei è allo spasimo e il padre le tiene le mani sulle mani, sulle spalle, sulle guance. Non c'è più io, tu, lui. Il presente ha inghiottito tutto. Lei urla e spinge come una gatta agitata e improvvisamente realizzi che tuo figlio o tua figlia sta per nascere.

L'ostetrica è chinata tra le gambe di lei, concentrata, vicinissima. Se è il caso, con una specie di forbicina, taglia per permettere alla testa del bambino di uscire. È l'immagine più impressionante, ma a questo punto niente può impressionare davvero. L'ultimo urlo è animale. L'ultima spinta è arcaica, corporea, elementare. Sei tutto concentrato sul volto di lei e però sposti lo sguardo e vedi la testina e poi tutta la testa e le spalle e ti accorgi che è sgusciato fuori, è al mondo, è nelle mani dell'ostetrica. Senti una specie di pianto che assomiglia a uno squittio a bassa voce, al fruscio di foglie secche impazzite. La mamma chiede mentre piange e ride, se ha tutto, se è sano. È una paura che avevi completamente dimenticato. Sei soltanto suo padre. L'ostetrica lo ha tra le mani e lo appoggia sul petto della madre che lo abbraccia e tu abbracci lei e la ami come non hai mai amato. E intanto sbirci chi è che hai messo al mondo e lo guardi in faccia. Vedi i suoi occhi sconvolti che guardano senza vedere, il suo corpo livido dallo sforzo e ricoperto di vernice caseosa, una specie di patina bianca da guerriero maori, il suo corpo che sembra fatto della sostanza di cui sono fatte le cose incompiute e che si muove senza ragione, senza logica e plausibilità, ed esiste insensatamente, come ognuno di noi, come ogni cosa che esiste.

Non ti accorgi nemmeno che te l'hanno messo in braccio. Sei come ubriaco. Ti rendi conto che ora la stanza è piena di gente. Sono giovani, ragazze e ragazzi, hanno il camice, stanno in piedi di fronte alle gambe aperte della tua donna. Sono studenti di ostetricia a cui si permette di imparare guardando, senza chiedere il permesso ai guardati. Non ti incazzi, ti fa quasi piacere. Stai seguendo qualcuno ora, muovendoti piano per paura di fare cadere quello che hai tra le mani. Entri in una stanzetta piena di macchinari e lavandini. Capisci che stai seguendo una ragazza con gli zoccoli bianchi da infermiera che ti chiede se vuoi lavarlo tu, ma tu preferisci per sicurezza che lo faccia lei. E finalmente lo vedi immerso in una specie di catino, simile a quelli dove si mette la sabbia dei gatti, piccolo come una stella esplosa milioni di anni fa, che viene spogliato di quella crema biancastra con cui è venuto al mondo. È troppo piccolo per piangere davvero e per protestare. E mano a mano compare. E lo vedi meglio, per il feto che è. Ti aspettavi un bambino, eri abituato a quelli della pubblicità, quello che hai di fronte è un feto cresciuto e la sua debolezza è fortissima. Viene asciugato e pesato. È comparso un pediatra che lo visita, gli muove le gambe e le braccia, gli misura il battito. Cerchi di fare domande sensate, scavi nella memoria, tenti di ricordare le cose importanti da chiedere e sai che non sei davvero in grado di farlo. Ti ritrovi a rispondere alle domande del pediatra in corridoio, è gentile, ti chiede che nome avete scelto per lui e glielo dici, che mestiere fai e che mestiere fa la madre, rispondi, se sei cattolico e a questo punto rifiuti e dici: «Mi scusi, ma che senso ha?». Poco dopo la ragazza dagli zoccoli bianchi te lo rimette in braccio avvolto in un bozzolo di coperte. Cammini piano, con le tue buffe sovrascarpe verdone, e rientri nella stanza dove è nato. La stanno ricucendo. Ma sai che ora niente può farle male. Lei lo conosce, lo guarda. Ha la testa a pera e il segno della vagina impresso sul cranio. Ha gli occhi grandi e l'aria sconvolta. È molto piccolo. Siete tre.

# FIGURINE PATERNE
*Quello di Lenin e quello di Freud, di Berlusconi, di Gandhi, di Kafka
e di altri. Guardare in faccia i colpevoli può essere un sollievo*

*Ilja Nikolaevič Uljanov* (1831-1886), russo, pedago-
go, organizzò la pubblica istruzione a Simbirsk Gu-
bernia. Mise al mondo Vladimir Ilič Uljanov detto
Lenin.

A destra, il signor *Luigi Berlusconi*, padre di Paolo.
Perché gli altri suoi due figli, Silvio e Antonietta, si
facessero onore, lavorò in banca per tutta la vita.

Il piccolo Sigmund (a destra) e suo padre *Jakob Ko-
loman Freud* (1815-1896). Pare che il piccolo abbia
a volte provato un intenso desiderio di ucciderlo.

Quest'uomo si chiamava *Hans Luther*, faceva il minatore, estraeva rame. A suo figlio diede nome Martin.

*Virginia Woolf* e suo papà *Leslie Stephen*. Per sapere quanto quest'uomo fu pesante basta leggere *Gita al faro*.

Questo soddisfatto signore è il dottor *Adrien Proust*, padre di Marcel. Per sapere com'era sua moglie come madre si legga la *Recherche*.

Il baffuto e lo sbarbato possiedono lo stesso nome (*Karol*) e lo stesso cognome (*Wojtyla*). Il baffuto era un ufficiale amministrativo dell'esercito polacco. Lo sbarbato no.

Los Angeles, 1° aprile 1984. Questo signore spara a suo figlio e lo uccide. Entrambi si chiamavano *Marvin Gaye*. Il figlio fu un grande cantante.

Era un tipo ottimista il dottor *Hermann Einstein*, anche se i suoi affari nel campo dell'elettricità furono un fallimento. Il fatto è che tutto nella vita è relativo.

Il signor *Karamchand Gandhi* era meno di un bramino, ma più di un sudra. Fu perfino primo ministro nella penisola di Kathiawar, nell'India occidentale. Suo figlio Mohandas K., detto Mahatma, era un po' una testa calda, ma mai in modo violento.

Herr *Alois Schickelgruber* vide la luce il 7 giugno 1837. Quando aveva cinque anni sua madre Anna Maria sposò Johann Georg Hiedler che, molti anni più tardi, si convinse a riconoscerlo. Il nuovo cognome di Alois, che serviva nell'esercito austriaco, fu trascritto male. Suo figlio Adolf Hitler nacque il 20 aprile 1889 a Branau in Austria.

Il signor *Edward Dickinson* era un cittadino eminente: tesoriere al college e, per breve tempo, membro del Congresso americano. Non si accorse mai che sua figlia Emily era un genio.

*Leopold Mozart* capì subito che suo figlio Wolfgang Amadeus era mostruosamente portato per la musica. Monetizzò il suo genio, ma non riuscì a impedirne la rovina.

*Hermann Kafka*, mercante, aveva un carattere irascibile. Il suo primogenito Franz era più delicato. Si scrissero molte lettere. Il padre di rimprovero, il figlio di scuse ostinate.

Sir *William* fu chirurgo di chiara fama. Poi, un giorno, nel 1864, fu accusato di aver violentato una paziente. La moglie del chirurgo, Lady Jane, non se la prese troppo. Proclamava di essere «al di sopra della morale». Molti anni dopo il loro figlio Oscar O'Flahertie Fingal Wills soffrì le conseguenze di una vicenda ancora più "scandalosa". Il cognome della stirpe era *Wilde*.

# Epilogo

«*Allora, come lo trovi il mondo? È un bel casino, hai ragione, ma io quelli che dicono che fa schifo non li capisco.*» *In cucina, le otto di sera. Ritratto di famiglia in un interno. La donna cucinava e l'uomo, dopo il lavoro, si godeva suo figlio. Una situazione così tipica, così anni cinquanta che se fossero comparsi in sala da pranzo un barbecue e delle pattine di feltro, nessuno dei tre si sarebbe stupito. Le buone cose di pessimo gusto riscaldano il cuore, con buona pace degli snob. Guardava il lattante. E visualizzava in trasparenza polmoncini rosa e intestini ancora odorosi soltanto di latte. In quei cinquantasette centimetri di essere umano niente aveva ancora lasciato tracce e incrostazioni. Il bambino aveva l'alito fresco che sembrava un mentino vivente.*

*«Ti piace esistere, salsicciotto? Ti piace?» E quello rideva che sembrava avesse vinto alla lotteria. La benzinaia del latte, spadellando, ascoltava. Lui evitava di voltare la testa, ma lo sentiva che lei non si perdeva una parola. E sentiva che era felice come raramente sarebbe mai stata. Così disse a suo figlio: «Ti ricordi di quella volta, tanto tempo fa? Molto prima che tu nascessi». Fece un urlo da neonato. «Allora te la ricordi? Ci eravamo dati appuntamento, io e te, in quel bar. E ce ne stavamo seduti al bancone, ti ricordi, a parlare fitto fitto? Io avevo ordinato un vodka Marti-*

ni e tu un Alexander, una schifezza dolciastra che è l'unico cocktail del mondo a base di latte. La gente ci guardava perché eravamo buffi. Un omone grande, grosso e pelato, e un feto che parlottano seduti al bancone di un bar non si incontrano mica tutte le sere.» La benzinaia ascoltava, ma mica interveniva, si stava godendo il radiodramma. Anche il bambino sembrava contento. «Ci eravamo dati appuntamento per scegliere una mamma che andasse bene per te, ma che andasse bene anche per me. E tu avevi portato quel grande quadernone e lo avevi appoggiato sul bancone. Così, dopo avere fatto un po' i cretini sulle caratteristiche che avremmo desiderato in una mamma e in una moglie, tu hai aperto l'album e a ogni pagina che sfogliavi appariva una ragazza diversa. Ti ricordi? E devo dire che spesso, per me, il voltar pagina era una sofferenza. Perché di ragazze che in condizioni normali, per progetti normali, avrei acchiappato senza stare a pensarci su troppo ce n'erano un bel po'. Riccioline more e bionde filiformi, nevrotiche magnetiche e paciose noiose, assatanate e tiepidine, tettone e piallate, raffinate e rustiche, sado e maso, castigate e castiganti, il catalogo era un menù di prelibatezze che mi sarebbero occorsi quindici stomaci, trent'anni di vita e una forma fisica perfetta.» La lattaia fingeva di fare la seccata. «Di ognuna elencavamo i pregi e i difetti, questa mi stuzzica, questa dopo due mesi scappa con l'idraulico, questa sarebbe perfetta se non fosse iscritta al Rotary, questa è bella, sì, ha delle tette che sembrano melograni, però mi dà l'aria che se legge un libro muore di meningite. Questa, se invita i suoi neuroni a una festa, è una cena a due a lume di candela. Questa è troppo colta, porterebbe in sala parto un libro di Wittgenstein. Questa ha più baffi di Saddam Hussein, questa partorirebbe parlando al telefonino.» Il poppante replicò emettendo una striscia di suoni che suonava: «Ghe-iiì-gengia». «Per un attimo volevi convincermi che andava bene la nobilotta, una che si chiamava Orsina o Verdiana, non mi ricordo bene. Ti ricordi. Io ti dicevo che eri abbagliato dalle *sue tette. L'esperienza a volte è decisiva. Che Orsina-Verdiana ti avrebbe ammollato all'età di due mesi a una colf che sapeva parlare solo un dialetto filippino e che sapere il filippino, di questi tempi, non è un gran vantaggio. Io per un attimo mi ero infatuato di quella che sembrava Michelle Pfeiffer e tu ribattevi che venire al mondo ed essere un nuovo personaggio di un serial tv era uno schifo e avevi ragione.» La benzinaia iniziava a sentirsi esclusa, lo si capiva dal fatto che, senza vederla, si muoveva più a scatti e che le pentole facevano più rumore. «Poi abbiamo girato pagina e c'era lei. Ti ricordi?» Alle loro spalle, lei riprese a muoversi, fluida, come se danzasse nel* Lago dei cigni *alla Scala. «Era bella, era sexy, era intelligente e generosa. Tu hai detto: "Come mamma, a me va bene". Io mi innamorai. Solo guardare la fotografia mi metteva addosso la pace e mi veniva voglia di chiederle di spogliarsi.» Là dietro, il* Lago dei cigni *era diventato felice come Grace Kelly il giorno delle nozze con Ranieri. «Ogni tanto ripenso ancora alle altre e un po' mi dispiace, te lo confesso. Ma quand'è che andiamo al bar di nuovo?»*

*Ancora qualche giorno e avrebbe compiuto tre mesi, il che vuol dire novanta giorni. Era molto cresciuto dal livido feto con la testa a cono che era stato alla nascita. Aveva le gambe cicciose, le braccia cicciose, le guance cicciose e un inizio di collo che si sforzava di emergere dal torace per sostenere una testa ancora abnorme. Non avrebbe mai immaginato che avere un figlio sarebbe stato così. Sentiva che era quella l'unica caratteristica che distingueva la sua vita da quella dei suoi contemporanei che non l'avevano provata. Il bambino, ora, era un bambino. Era contento che crescesse e già un po' aveva nostalgia. Una nostalgia preventiva. Aveva nostalgia del presente che in futuro sarebbe stato passato. Provava nostalgia di quella risata intatta perché sapeva che si sarebbe dissolta, di quei movimenti a scatti ogni giorno più dominati e precisi, di quella felicità che non era un sentimento, ma uno stato, un corpo felice di stare al* mondo, e che non sarebbe più stata tale. Sentiva nostalgia del suo pianto e del loro poco dormire, del suo bisogno di essere cambiato e del piacere che provava quando veniva lavato, del suo guardare il soffitto come fosse una novità meravigliosa, del suo guardare tutto come se fosse una cosa che iniziava. Presto avrebbe imparato a stare seduto e a gattonare, avrebbe iniziato a nutrirsi di cose più solide e saporite del latte, poi avrebbe camminato e parlato. Di cose belle ce n'erano ancora tante davanti, ma il solo fatto che fossero davanti le rendeva inevitabili. In qualche modo misterioso, già trascorse. «È pronto. Vieni a tavola», dismesso il velo da sposa, la donna che amava reclamava la sua presenza.

Guardò il suo bambino ed ebbe la chiara percezione che non poteva essere diverso, che era lui, proprio quello, l'essere umano cresciuto nella pancia di sua madre, era lui che scalciava, lui, con i suoi alluci lunghi e i suoi occhi azzurri, la sua zucca pelata e il suo sorriso intatto e una fiducia che piano piano sarebbe stata consumata dal mondo. Nella vita doveva essere felice, il più felice possibile, e lui non sapeva com'era essere il più felice possibile. Poi pensò a se stesso, addentò uno gnocco e capì che un po' era possibile essere il più felice possibile. Chiese al bambino: «Allora, come lo trovi il mondo? È un delirio, però è originale. Io quelli che dicono che è un brutto posto non li capisco. Proprio non li capisco».

# ALFAFETO
## Indice del libro e glossario:
## dall'amniocentesi allo zigote

### AMNIOCENTESI

Si tratta dell'unica questione su cui, in tempo di gravidanza, il padre abbia qualche voce in capitolo. L'esame si effettua prelevando con un ago una piccola quantità di liquido amniotico. Serve per escludere che il bambino abbia la sindrome di Down e altre trisomie. Si esegue (se si esegue) tra la quattordicesima e la sedicesima settimana. Comporta un rischio di aborto alto (un caso su cento/duecento).

*a pagina 112*

### AMNIOTOMIA

Può capitare che il bambino sia pigro e svogliato già durante il travaglio. Uno dei modi per convincerlo a darsi da fare è rompere chirurgicamente il sacco amniotico.

*a pagina 173*

### ANDROGENI

Gli ormoni, prodotti dalle ghiandole sessuali maschili, sono guidati dal colonnello Testosterone. Durante la vita embrionale sono responsabili della differenziazione del sesso in senso maschile. Dopo determinano i caratteri secondari maschili (peli, pomi d'Adamo, voci baritonali, amore per il calcio).

*a pagina 26*

βHCG

Subunità di un ormone dal nome altisonante (gonadotropina corionica) che viene secreto da blastocisti e placenta. La presenza di βHCG nel sangue e nelle urine della donna attesta l'avvenuta fecondazione. Nell'uomo non attesta un bel niente.

*a pagina 27*

BLASTOCISTI O BLASTULA

È l'ovulo fecondato prima di diventare feto e dopo essere stato morula (fino a sei giorni dalla fecondazione). Appare già differenziato in cellule distinte che formeranno le varie parti dell'essere umano.

*a pagina 34*

CERVICE

Dicesi cervice il collo dell'utero. Chiuso durante la gravidanza, si apre gradualmente con il travaglio.

*a pagina 47*

COLOSTRO

È il primo latte, giallino e molto ricco di anticorpi. Può iniziare a colare anche verso la ventisettesima settimana di gravidanza (cioè verso il sesto mese). Oppure comparire subito dopo il parto in attesa della montata lattea.

*a pagina 92*

CONTRAZIONI

Compaiono a travaglio iniziato. Sono ritmiche, involontarie e sempre più ravvicinate. Dilatano il canale cervicale spingendo l'intruso a uscire allo scoperto.

*a pagina 158*

CONTRAZIONI DI BRAXTON HICKS

Furono descritte per la prima volta nel 1872 dal medico

inglese John Braxton Hicks che, per parte sua, non le aveva mai provate. Sono involontarie e avvengono negli ultimi mesi della gravidanza. Alcune signore non se ne accorgono neppure.

*a pagina 118*

## CORDONE OMBELICALE (O FUNICOLO)

Alla nascita è lungo circa 50 centimetri e ha uno spessore di circa due centimetri. Viene tagliato e lascia una cicatrice, l'ombelico (un buchetto sulla pancia di cui due soli esseri umani furono sprovvisti: Adamo ed Eva). Durante la gravidanza porta il nutrimento della madre al bambino attraverso la placenta.

*a pagina 42*

## CORPO LUTEO

È una sorta di cicatrice che si forma nel follicolo dopo l'ovulazione. Ma non si limita a essere cicatrice: produce progesterone che darà vita a sua volta alla placenta, prodotta la quale, anche il corpo luteo finalmente andrà in pensione. Finisce di darsi da fare verso la quattordicesima settimana.

*a pagina 47*

## CROMOSOMA

Bastoncello costituito di acido desossiribonucleico (Dna) che vivacchia nel nucleo di ogni cellula in branchi di 46 della sua specie. Tranne i gameti (ovuli e spermatozoi) che contengono solo 23 cromosomi spaiati, ogni cellula umana contiene 23 coppie di cromosomi identici nei quali sono stivate tutte le informazioni genetiche dell'individuo. Ogni coppia di cromosomi è costituita da un cromosoma di origine paterna e di una cromosoma di origine materna. La ventitreesima coppia differisce tra maschi (XY) e femmine (XX).

*a pagina 26*

## Dotti deferenti

Tubicini posti sopra i testicoli dove gli spermatozoi stazionano in compagnia del liquido seminale, in attesa che qualcuno o qualcosa li eiaculi verso l'universo esterno.

*a pagina 26*

## Ecografia

Esame che, mediante l'uso di ultrasuoni, visualizza il bambino su un monitor. Serve a controllarne lo sviluppo. Sulla pancia della signora viene spalmato del gel. Sul gel viene fatta passare una sonda. Dicono che normalmente se ne eseguono troppe. Ma non fanno male. Imperdibile la seconda che scocca verso la ventesima settimana. Il motivo: si sente il cuore.

*a pagina 62*

## Embrione

Tra la sesta e la diciottesima settimana dal concepimento tutti siamo stati embrioni. Dopo di che diventiamo feti.

*a pagina 34*

## Epididimo

È un cappuccetto che sta sopra ogni testicolo. Due testicoli due cappuccetti. Da lì risalgono gli spermatozoi.

*a pagina 26*

## Episiotomia

È l'unico momento impressionante, nel senso classico della parola, del parto. Spesso viene praticato un taglio sulla vagina per consentire il passaggio del bambino senza che questo provochi lacerazioni più difficili da cicatrizzare.

*a pagina 198*

## Epidurale (o Peridurale)

Anestesia che si esegue per rendere meno dolorosi il parto normale e il parto cesareo. Un anestetico viene inserito attraverso un piccolo tubicino (catetere) nella parte inferiore della spina dorsale. Lascia sveglie, ma diminuisce drasticamente il dolore. C'è chi farebbe un monumento equestre al suo inventore.

*a pagina 144*

## ESTROGENI

Altri ormoni, più femminili che maschili. Vengono prodotti dai follicoli ovarici, dai testicoli, dalla placenta e dalla corteccia surrenale. Servono a un sacco di cose. Tipo: regolare il ciclo delle ragazze, fare in modo che l'ovulo si impianti nell'utero, sviluppare l'apparato genitale e i caratteri secondari femminili: un gran numero di curve e un certo talento per il taglio e il cucito.

*a pagina 44*

## FOLLICOLO

Di cognome fa ovarico. Consiste nell'ovulo e nelle cellule che lo circondano. Quando l'ovulo è maturo, il follicolo si dischiude e lo lascia partire. Poi, se è il caso, lo nutre producendo estrogeni.

*a pagina 20*

## FUNICOLOCENTESI (O CORDOCENTESI)

Si può eseguire fino al nono mese anche se la ventesima settimana è la data più probabile. Consiste nel prelevare sangue fetale dal cordone ombelicale. È utile a individuare eventuali infezioni e malattie come la sindrome dell'X fragile, ma serve soprattutto per determinare i danni subiti dal feto se la madre ha contratto malattie infettive in gravidanza. È molto precisa e implica un rischio di aborto dell'uno percento.

*a pagina 114*

## GAMETE

Sono gameti l'ovulo e lo spermatozoo. Ovvero cellule che partecipano alla riproduzione. La loro particolarità è di albergare soltanto 23 cromosomi a testa, contro i 46 di ogni altra cellula umana. Questa penuria li spinge a unirsi in uno zigote, la cellula fecondata che possiede i 46 cromosomi canonici.

*a pagina 26*

## GENI

Vivono all'interno dei cromosomi. Le loro combinazioni sono responsabili della possibilità di trasmettere caratteri ereditari ai figli. Non sempre è un bene.

*a pagina 141*

## LIQUIDO AMNIOTICO

Il piccolo tesoro ci galleggia dentro. Anche cellule, pipì e peli prenatali ci galleggiano dentro. A sei mesi il piccolo tesoro ne inghiotte quattro litri al giorno.

*a pagina 43*

## MECONIO

Una delle prime cose che l'essere umano fa, appena affacciatosi nel mondo, è la cacca. Ma non è una cacca vera e propria. Si chiama meconio, è verde scuro e non puzza. Bere il colostro aiuta la prima seduta della nostra vita.

*a pagina 71*

## MEMBRANA PELLUCIDA

È il buttafuori dell'ovulo. Fa la selezione all'entrata. Se lo spermatozoo è vestito abbastanza *cool* lo fa entrare, ma poi non ce n'è più per nessuno.

*a pagina 35*

## MONTATA LATTEA

Tre, quattro giorni dopo il parto la mammelluta si decide

a produrre latte per nutrire il bambino che intanto sta perdendo peso. Alla produzione provvedono le ghiandole mammarie.

*vedi alla voce Colostro*

## MORULA

L'ovulo fecondato nei primi giorni dopo il concepimento risulta composto di poche decine di cellule. Dopo verrà promosso a blastocisti.

*a pagina 38*

## NULLIPARA-PRIMIPARA-MULTIPARA

Tutte e tre sono donne. La prima non ha ancora avuto figli; la seconda ne ha avuto uno; la terza più di uno. La circostanza varia notevolmente i tempi medi del parto.

*a pagina 162*

## OLIGOIDRAMNIOS

È la mancanza di liquido amniotico (meno di 500 millilitri), dovuta a scarsa produzione o a eccessivo assorbimento. Può provocare sofferenze al feto. Il difetto contrario si chiama polidramnios (più di 2000 millilitri).

*a pagina 158*

## OSSITOCINA

È un ormone dall'effetto devastante. Può avvenire che, dopo la perdita delle acque, il bambino tardi a nascere per mancanza di contrazioni dell'utero. Un'iniezione di ossitocina le provoca, eccome se le provoca.

*a pagina 172*

## OVAIO

Le donne ne hanno due. Gli uomini nessuno. È l'organo ghiandolare genitale femminile. Soggiorna alla fine delle due tube di Falloppio. Da queste postazioni laterali, le ovaie fanno tre cose: producono estrogeni, progesterone e ovuli.

*a pagina 34*

OVULO (O OVOCITA)

È il gamete femminile, viene prodotto dall'ovaio e rilasciato dai follicoli, viaggia verso l'utero per le tube di Falloppio e può essere raggiunto da uno spermatozoo. In quel caso i due possono decidere la comunione dei geni.

*a pagina 20*

PERDITA DELLE ACQUE

Di solito annuncia il parto. La pressione del bambino o i suoi movimenti lacerano il sacco e il liquido amniotico fuoriesce. A volte invece le contrazioni iniziano senza che le acque si siano rotte. In quel caso la rottura può essere provocata.

*a pagina 170*

PARTO CESAREO

Soluzione dovuta a vari problemi oppure libera scelta delle signore. Spesso per non soffrire e sformarsi troppo. Altre volte viene comoda per i medici. Si fa un taglio sotto l'ombelico e si estrae il bambino da lì. Il tutto avviene sotto anestesia. A fine parto, mamma e bambino sono meno ammaccati. Il papà, se assiste, lo è di più. Dicono che vi si ricorra troppo.

*a pagina 175*

PLACENTA

È l'organo che nutre l'ospite per tutta la gravidanza. Si differenzia dall'embrione al terzo mese e continua a crescere fino al settimo. È un disco con un diametro di 16-18 centimetri e uno spessore che varia dai due ai quattro. Quando viene espulsa, dopo il parto, può pesare 600 grammi. Ci fanno anche delle creme.

*a pagina 42*

POLIDRAMNIOS

È l'eccesso di liquido amniotico (più di 2000 millilitri). Provoca eccessiva tensione delle pareti dell'utero. Il difetto contrario si chiama oligoidramnios (meno di 500 millilitri).

*a pagina 158*

POSIZIONE PODALICA

Il 4 percento degli esseri umani nuovi di zecca esce mostrando il sedere al prossimo, l'un percento esce di spalle (situazione trasversa), il 95 percento presenta la testa (posizione cefalica).

*a pagina 152*

PROGESTERONE

Trattasi dell'ormone sessuale femminile, prodotto dal corpo luteo, dalle ghiandole surrenali e, in gravidanza, anche dalla placenta. Permette all'inquilino di annidarsi.

*a pagina 44*

PROSTATA

Intanto sappiate che è una ghiandola che abita sotto la vescica. Produce il liquido prostatico che raggiunge gli spermatozoi formando lo sperma. Il liquido prostatico è molto ricco di enzimi e di acido citrico il quale probabilmente sprona gli spermatozoi a muoversi.

*a pagina 26*

PUERPERA

È la donna che ha partorito da meno di quaranta giorni.

*a pagina 88*

SACCO AMNIOTICO (O AMNIO)

È un sacco sottile che contiene il bambino e il liquido amniotico. Si forma subito dopo il concepimento.

*a pagina 172*

## Sperma (o Liquido seminale)

Come sapete è denso e biancastro. Come forse immaginate il liquido (plasma seminale) è abitato da turbe di spermatozoi. L'insieme compone lo sperma. Come probabilmente non sapete è ricco di zuccheri (fruttosio in particolare) e di acido citrico.

*a pagina 22*

## Spermatozoo

È il gamete maschile (cioè la cellula che, come l'ovulo nella femmina, e a differenza di tutte le altre cellule umane, ha soltanto 23 cromosomi). Viene prodotto dai testicoli. Misura 60 micron. Un esercito di 17mila spermatozoi in fila formerebbero una coda lunga un metro.

*a pagina 20*

## Testosterone

È il re degli ormoni maschili, essenziale nello sviluppo di apparato e caratteri sessuali. Per questo nel linguaggio corrente è sintomo di virilità. A chi ti faccia notare la tua calvizie, puoi rispondere: «Troppo testosterone, baby».

*a pagina 26*

## Toxoplasmosi

Pochi padri non ne sentiranno parlare. È una malattia causata da un protozoo presente nella verdura cruda, nella carne se non è molto cotta e negli insaccati. La madre può prenderla mangiando questi cibi oppure dai gatti. Raramente provoca malformazioni fetali.

*a pagina 114*

## Translucenza nucale

Esame che si esegue durante l'ecografia. Calcola le possibilità della trisomia 21 (o sindrome di Down) e possibili problemi del tubo neurale, mediante la misurazione della plica nucale del feto che non deve risultare maggiore di tre millimetri. Non è infallibile (ottanta percento di attendibilità). Se il suo esito è negativo può essere confermato o smentito dall'amniocentesi.

*a pagina 106*

TRAVAGLIO

È la prima fase del parto. L'utero si contrae, in modo sempre più violento e regolare, dilatando la cervice. Perché il parto abbia inizio deve raggiungere i dieci centimetri di dilatazione. Raggiungerli non è mai piacevole.

*a pagina 140*

TRISOMIE

Sono le disgrazie più temute e investigate da medici e futuri genitori. Si tratta di malformazioni di particolari cromosomi. Ne esistono tre: la trisomia 21 (sindrome di Down), la trisomia 18 (sindrome di Edwards) e la trisomia 13 (sindrome di Pan). Alcuni esami (esame della plica nucale, tritest e amniocentesi) calcolano le possibilità che il feto possa soffrirne.

*a pagina 112*

TRITEST

Esame che si esegue tra la quattordicesima e la sedicesima settimana, non è invasivo e non è doloroso. Ha la stessa attendibilità (ottanta percento) e funzione della translucenza nucale (l'individuazione di trisomie), di cui rappresenta l'alternativa. Si basa sulla misurazione di tre sostanze presenti nel sangue. Se il suo esito è negativo può essere confermato o smentito dall'amniocentesi.

*a pagina 106*

TUBE DI FALLOPPIO (O TROMBE O SALPINGI)

A capire che esistevano e che mestiere facessero ci pensò il medico italiano Gabriele Falloppio nel corso del 1500. Si tratta di due tubi che collegano l'ovaio all'utero e che offrono all'ovulo un varco per andarsene da casa.

*a pagina 34*

URETRA

È un canale che parte dalla vescica e conduce nel mondo. In quella maschile passano, a turno, pipì e sperma.

*a pagina 26*

UTERO

È un organo muscolare a forma di piramide capovolta dove l'embrione si impianta e il feto cresce fino a diventare un essere umano.

*a pagina 47*

VILLI CORIALI

Si tratta di vasi sanguigni che ancorano l'ovulo alla parete uterina e che permettono l'apporto di sangue della madre al feto.

*a pagina 150*

VILLOCENTESI

Si esegue tra la decima e la dodicesima settimana (quindi relativamente presto) inserendo un ago nell'addome. L'ago preleva frammenti dei villi coriali il cui esame può determinare se il bambino può avere ereditato malattie come l'anemia mediterranea e se rischia la sindrome di Down. Comporta un alto rischio di aborto.

*a pagina 114*

ZIGOTE

Dicesi zigote la cellula prodotta dall'unione di due cellule particolari, i gameti. Monsieur spermatozoo e Mademoiselle ovaio mettono in comune i loro 23 cromosomi e formano un grasso zigote con 46 cromosomi. È il primo battito di palpebre delle vite nuove.

*a pagina 37*

PAPI, Giacomo
Papà / Giacomo Papi – Milano : Pratiche Editrice, 2002. – 224 p. : ill. – (Nuovi Saggi). – ISBN 88-7380-736-4

1. Paternità

I. Tit.

306.8 (Scienze sociali. Matrimonio e famiglia)

| Ristampa | | | | Anno | | |
|---|---|---|---|---|---|---|
| 3 | 4 | 5 | | 2003 | 2004 | 2005 |

Finito di stampare nel giugno 2003
dalla Grafica Veneta SpA, Trebaseleghe, Padova